AI의 선택을 부르는

# AEO
# GEO
# 생존전략

# AI의 선택을 부르는

# AEO
# GEO

브랜드의
미래는
인간이 아니라
AI가 결정한다

이재홍
지음

# 생존전략

미래의창

# 추천사

"물리적 국경이 사라진 디지털 대륙, '정답'을 선점하는 자가 새로운 권력을 쥔다."

우리는 지금 모든 비즈니스의 접점이 AI라는 거대한 인터페이스로 통합되는 전례 없는 변곡점을 지나고 있습니다. 글로벌 투자 현장에서 목격하는 가장 큰 변화는, 정보의 탐색 방식이 나열된 링크에서 '단 하나의 결론'으로 바뀌고 있다는 사실입니다. 이는 곧 AI가 선택하지 않은 기업과 서비스는 디지털 경제 생태계에서 사실상 소멸할 수도 있음을 의미합니다.

이러한 위기 속에서 이 책이 제시하는 GEO(생성형 엔진 최적화)와 AEO(답변 엔진 최적화)는 단순한 마케팅 방법론이 아닙니다. 이것은 AI가 학습하는 거대한 데이터의 바다에 자신의 존재를 올바르게 각인시키고, 알고리즘이 우리를 '신뢰할 수 있는 원본Authentic Source'으로 인지하게 만드는 미래 생존을 위한 필수 프로토콜입니다.

저자는 AI의 블랙박스 내부에서 벌어지는 '진실과 맥락의 전쟁'을 예리하게 포착했습니다. AI의 답변이 곧 시장의 표준이 되는 시대, 알고리즘의 구조를 이해하고 그 안에서 승리하는 법칙을 꿰뚫어 보고 싶은 모든 혁신가와 리더들에게 이 책은 가장 확실한 전략 지침서가 될 것입니다.

■ **김서준**Simon Kim – **해시드**Hashed **대표**

저는 개인적으로 SEO의 도움을 참 많이 받은 사람이고, 관련한 지식도 여러 강의를 통해서 전달한 경험이 있습니다. 그때마다 점점, 비즈니스 현장에서 GEO 니즈가 늘어나고 있다는 걸 깨달았지만 모든 것이 모호한 상황에서 뭐라 답을 내리기가 어려웠습니다. 그러던 중 이재홍 대표님을 만나고 나서 GEO에 대해 더욱 깊게 탐구해야 할 시점이 왔다고 생각했습니다.

노출이 안 되면 아무 일도 일어나지 않습니다. SEO를 처음 배웠을 때도 마찬가지였습니다. 잘 만드는 법보다, 우리를 노출시키는 방법을 먼저 아는 사람이 결국 앞서 갔습니다.

이 책은 바로 그 출발선에 있는 사람들에게 필요한 이야기라고 생각합니다. 모든 프로덕트 메이커들에게 이 책을 추천드립니다.

■ 최재림 − 김캐디 공동창업자

AI 활용이 대중화되면서, 제가 몸담고 있는 커머스 시장 역시 빠르게 변화하고 있습니다. 고객은 더 이상 검색엔진에 키워드를 입력하지 않고, AI에게 질문을 던지는 방식으로 정보를 탐색하기 시작했습니다. 이 변화는 단순한 기술 트렌드가 아니라, 고객이 브랜드와 상품을 발견하는 방식 자체가 바뀌고 있다는 신호입니다. 그렇다면 앞으로의 커머스 서비스는 이 변화에 어떻게 대응해야 할까요? GEO는 바로 이 질문에서 출발해야 하는 새로운 전략입니다.

이 책은 기업의 생존을 가를 중요한 전환점에서, 명확한 방향을 제시하는 안내서입니다. GEO가 왜 중요한지에 대한 개념 설명에 그치지 않고, 실제 비즈니스 환경에서 어떻게 적용해야 하는지까지 구체적으로 다룹니다. 특히 이론과 실행을 분리하지 않고, 기업들이 GEO를 어떤 방식으로 전략과 마케팅에 접목하고 있는지를 사례 중심으로 풀어낸 점이 인상 깊었습니다. 전략과 마케팅을 담당하는 실무자라면, 막연한 불안 대신 현실적인 기준을 얻을 수 있을 것입니다.

이 책은 그동안 현장에서 축적된 인사이트를 체계적으로 정리한 결과물이라고 생각합니다. 커머스 기업은 물론, 검색 기반의 고객 유입이 발생하는 모든 비즈니스에게 이 책은 다가올 변화를 준비하기 위한 현실적인 출발점이 될 것입니다.

■ **문유정** – 백패커(아이디어스, 텀블벅, 10x10) 비즈니스 그로스 리더


우리는 더 이상 스스로 정보를 찾지 않는다. 알고리즘이 보여주는 것을 보고, 추천해주는 것을 인지한다. 미디어가 분화된다는 이야기는 오래전부터 반복돼왔지만, 이제는 알고리즘이 선택한 것이 곧 우리가 아는 세계가 되는 단계에 들어섰다. 그 동선 안에 존재하지 못하면, 개인이든 브랜드든 시장에서 애초에 '모르는 존재'가 된다.

이 책은 우리가 체감하고 있는 이 변화를 감각의 문제가 아니라 구조의

문제로 설명한다. 진실은 언제나 합의였고, 그 합의를 만들어온 권력은 역사와 미디어, 플랫폼을 거쳐 이제 AI로 이동하고 있다. AI는 옳고 그름을 판단하지 않는다. 인간이 남긴 언어와 데이터 속에서 가장 그럴듯한 맥락을 조합해 답을 만든다. 그리고 우리는 점점 그 답을 판단 없이 받아들이기 시작했다. 이 흐름 속에서 검색 이후의 시대에 SEO가 왜 한계를 드러내는지, 클릭 중심의 사고가 왜 더 이상 유효하지 않은지도 자연스럽게 드러난다. GEO는 새로운 기법이 아니라, 이 구조 변화에 대응하기 위해 등장할 수밖에 없었던 전략이다.

이 책의 강점은 경고에 머무르지 않는다는 데 있다. 엔티티를 어떻게 정의하고 어떤 방식으로 신뢰를 축적하며 AI의 단일 응답 안에 브랜드를 위치시킬 것인지에 대한 판단 기준을 구체적으로 제시한다. 퍼널이 붕괴되고 추천이 곧 전환이 되는 환경에서 이는 더 이상 선택의 문제가 아니다. 이제 중요한 질문은 "얼마나 노출됐는가"가 아니라 "AI가 누구를 정답으로 기억하는가"다. 검색 이후의 시대를 준비해야 하는 책임자라면, 이 책은 참고서가 아니라 기준점이 될 것이다.

■ 방태욱 – 마이리얼트립 그로스실 실장

콘텐츠로 서비스를 알리는 방식으로 사업을 운영해오며 비즈니스의 성과는 노출의 크기가 아니라 전환의 정확도에서 결정된다는 것을 경험했다.

아무리 많은 사람에게 보여져도 매출로 이어지지 않는 콘텐츠가 있는 반면, 노출은 많지 않아도 폭발적인 성과를 만드는 콘텐츠도 있다. 그 차이는 "고객의 실제 고민에 얼마나 깊이 닿아 있고, 그에 대한 해결책을 제시하고 있는가"였다.

이제 전환의 방식이 바뀌고 있다. 몸에 대한 고민이 생겼을 때 스스로 운동 카테고리를 선택하고 해당 전문가를 찾아 상담하던 방식에서 고객이 AI에게 직접 묻고, AI가 전문가를 대신해 답을 제시하는 방향으로 변화하고 있다. 이 변화 앞에서 브랜드와 서비스는 AI가 선택해 호출하는 정답이 되어야 한다.

저자가 말하듯, 'AI 기억 시장'에서의 선점은 곧 독점의 형태를 띤다. 이러한 구조에서 준비되지 않은 브랜드는 AI의 답변 속에서는 존재하지 않는 선택지가 된다. 이는 비단 브랜드뿐만 아니라 특정 운동 방식 자체로까지 확장될 수 있다. 급변하는 AI의 혁신성 앞에서 GEO의 존재는 알지만 무엇을 준비해야 할지 혼란에 빠진 스타트업 대표들에게 이 책을 추천하고 싶다. 지금 이 책을 집어 드는 선택으로 당신의 사업이 AI의 답변 속에 남을지, 혹은 밀려날지를 가를지도 모른다.

■ **조새한별 – 뷰릿**Beaurit **대표**


회사를 10년 넘게 운영하며 수없이 많은 플랫폼 전환을 겪어봤지만, 저자는 그 어떤 변화보다 근본적인 진실의 권력 이동을 정확히 짚어낸다. 검색과 트래픽의 시대를 넘어, 이제는 AI의 세계관 속에서 브랜드와 기업이 어떻게 살아남아야 하는지를 현실적인 언어로 설명한다.

GEO는 더 이상 마케팅 기법이 아니라, CEO가 반드시 이해해야 할 경영의 인프라다. ■ 임수열 – 프립Frip 대표

AI가 판단하는 시대, 무엇이 선택되고 무엇이 사라지는지를 구조적으로 보여준다. 기업과 브랜드가 살아남기 위해 왜 GEO를 이해해야 하는지가 분명해진다. ■ 김한결 – 루북Roovook 대표

저자는 AI 에이전트의 확산과 정착 속에서 급변하게 될 디지털 맥락과 편집 주도권 상실이라는 인류 초유의 변화를 예리하게 관통한다. 특히 커뮤니케이션·마케팅 분야에서 이러한 변화를 어떻게 수용하고, 또 어떤 전략을 수립해야 할지 선구적인 시각에서 상세히 통찰해냈다. 업계의 선구자가 직접 구체적인 방향성을 제시하는 보기 드문 저작이다.

■ 김수민 – 기업 뉴미디어 홍보 전문가

AI가 판단하는 시대, 의료 역시 그 흐름에서 자유롭지 않습니다. 환자들은 검색 대신 AI에게 질문을 던지고, AI가 제시한 이름이 곧 선택이 됩니다.

이 변화는 단순한 채널의 전환이 아니라 의료 기관의 존재 방식 자체를 바꾸는 구조적 변화입니다. GEO는 이제 선택적 전략이 아니라 의료 경영자가 반드시 이해해야 할 새로운 기준입니다. 이 책은 그 변화의 본질을 정확히 짚어냅니다. 의료를 포함한 모든 전문 산업의 리더들에게 다가올 전환을 준비하게 하는 출발점이 될 것입니다.

■ 송세용 – 메디고라운드 대표

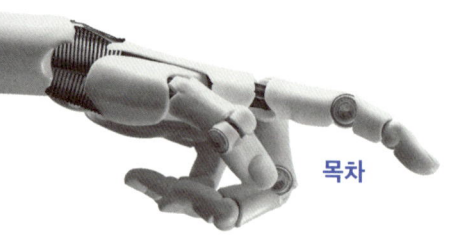

목차

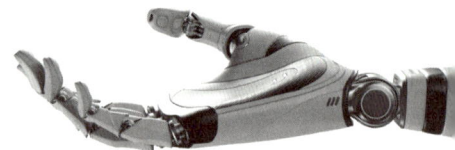

AEO

# 진실의 중개자

GEO

# 진실은 누가, 어떻게 만들어왔는가

지구는 평평하지 않고, 태양은 지구를 돌지 않는다.

지금 우리에게는 너무나 당연한 사실이다. 하지만 이 '당연함'이 인류의 상식이 되기까지 수천 년이 걸렸다. 기원전 3세기, 그리스의 에라토스테네스는 이미 지구가 둥글다는 것을 알고 있었고, 심지어 지구의 둘레까지 놀라운 정확도로 계산해냈다. 그러나 이 지식은 일부 학자들 사이에서만 공유되었을 뿐, 대중의 진실이 되지는 못했다.

왜일까? 당시의 권력과 종교가 원하는 진실이 아니었기 때문이다. 평평한 지구 위에 하늘이 있고, 그 위에 신이 있다는 세계관이 훨씬 이해하기 쉬웠고, 권력 유지에도 유리했다. 지구가 우주의 중심이 아니라는 사실은 인산이라는 존새의 특별함을 위협했다. 그래서 코페르니쿠스의 지동설을 담은 책은 교황청의 금서 목록에 올랐고, 갈릴레오는 망원경으로 직접 관측한 증거를 제시하고도 종교 재판에 회부되어 자신의 발견을 철회해야 했다.

인간은 진실 자체보다 '확신이 주는 편안함'을 사랑한다. 익숙한 거짓은 편하고, 낯선 진실은 불편하다.

역사도 마찬가지다. 진시황은 분서갱유焚書坑儒를 통해 자신의 통치에 불리한 서적을 불태우고 학자들을 생매장했다. 승자의 역사만 남기겠다는 의지의 가장 극단적인 표현이었다. 패배한 왕조의 기록은 소각되었고, 식민지의 기록은 제국의 서사에 흡수되었다. 아메리카 원주민의 관점에서 쓴 '신대륙 발견'의 역사는 존재하지 않는다. 기록되지 않으면 존재하지 않는 것과 같았고, 배포되지 않으면 진실이 되지 못했다.

현대 인식론은 이 지점을 명확히 짚어낸다. 인간은 세계를 있는 그대로 보지 못한다. 대신 인지적 구조, 언어적 범주, 문화적 규범을 통해 세계를 '재구성'한다. 우리가 진실이라고 믿는 것은 세계의 본질 그 자체가 아니라, 우리가 세계를 해석하고 합의한 방식에 가깝다. 즉, 진실은 언제나 인간의 '설명'의 산물이었으며, 그 설명이 무엇(권력, 종교, 과학, 기록, 감정)을 기반으로 하느냐에 따라 진실은 그 모습을 바꿔왔다.

그렇다면 진실을 만드는 권력은 어떻게 이동해왔을까?

첫 번째 단계: 권력이 기록될 내용을 결정한다.
두 번째 단계: 그 기록이 배포되어 역사가 된다.
세 번째 단계: 그 역사가 거부할 수 없는 진실이 된다.

여기서 또 생각해볼 것이 하나 있다. 즉, '사실Fact'과 '진실Truth'은 다르다는 점이다.

사실은 물리적으로 발생한 사건 그 자체다. 사실이 날것의 조각들이라면 진실은 그 조각들이 권력, 미디어, 기술이라는 필터를 거쳐, 우리 대다수가 "그렇다"고 합의한 결과물이다.

인간은 세상의 모든 사실을 직접 확인할 수 없다. 전쟁터를 누비지 못하고 독재국가의 시민으로 살아볼 수 없다. 우리 대부분은 세상의 99.99%를 간접 경험(누군가가 가공하고 전달한 정보)을 통해 이해한다.

즉, 우리는 언제나 '중개자'가 정리해준 진실을 통해 세상을 이해해왔다.

중세에는 성직자가 신의 뜻을 해석했다.

왕정 시대에는 왕이 역사를 기록했다.

| 중세 시대 | 왕정 시대 | 근대 (인쇄 매체) | 정보 시대 (인터넷) | AI 시대 (인공지능) |

20세기에는 언론이 오늘의 중요한 사건을 정했다.

21세기 초에는 인터넷이 무엇이 진짜인지 순위를 매겼다.


그리고 지금, 진실의 중개자가 AI로 넘어가고 있다.

# 미디어 시대:
# 편집권이 만드는 진실

1450년경 요하네스 구텐베르크가 금속활자 인쇄기를 발명했을 때, 그는 단지 책을 더 빨리 찍어내는 기계를 만든 것이 아니었다. 그는 진실의 권력 구조 자체를 뒤흔들었다.

인쇄술 이전, 지식은 수도원의 필사실에 갇혀 있었다. 한 권의 책을 베끼는 데 수개월이 걸렸고, 따라서 책은 금보다 귀했다. 지식을 소유한다는 것은 곧 권력을 소유한다는 것이었고, 그 권력은 교회와 귀족에게 독점되어 있었다. 평민이 성경을 읽는다는 것은 상상할 수도 없는 일이었다.

인쇄술은 이 모든 것을 바꿨다. 책의 가격이 급락했고, 지식이 대중에게 흘러들었다. 마르틴 루터의 95개조 반박문이 인쇄되어 유럽 전역에 퍼지면서 종교개혁이 촉발되었다. 과학 혁명이 가능했던 것도, 과학자들이 자신의 발견을 인쇄물로 공유할 수 있었기 때문이다.

하지만 인쇄술은 지식을 대중화하는 동시에, '누가 무엇을 선택해 인쇄하느냐'라는 새로운 권력을 탄생시켰다. 모든 것을 인쇄할 수는 없었다. 누군가는 선택해야 했다. 어떤 책을 출판할 것인가? 어떤 기사를 1면에 실을 것인가? 어떤 사진을 게재할 것인가?

이것이 '편집권'이다.

19세기 후반, 대중 신문의 시대가 열리면서 편집권의 힘은 더욱 강력해졌다. 사람들은 이제 세계를 직접 보는 것이 아니라, 신문과 방송이 편집한 세계를 읽고 보게 되었다. 편집이 곧 진실이 되는 시대가 열린 것이다.

그리고 이 편집권이 얼마나 위험한 무기가 될 수 있는지를 보여주는 사건이 1898년에 벌어졌다.

1898년 2월 15일 밤, 쿠바 아바나 항구에서 거대한 폭발음이 울렸다. 미 해군군함 메인호USS Maine가 폭발 후 침몰한 것이다. 이 사건으로 260명의 장병이 사망했다.

원인은 불명확했다. 석탄 창고의 자연 발화일 가능성이 높다는 보고가 있었지만 뉴욕의 신문왕 윌리엄 랜돌프 허스트에게 진실은 중요하지 않았다. 그에게 필요한 것은 '전쟁'이 가져올 거대한 판매 부수였다. 허스트가 소유한《뉴욕저널》은 연일 "스페인의 비열한 배신!", "메인호를 기억하라Remember the Maine!" 등의 자극적인 헤드라인을 쏟아냈다. 명확한 증거가 없음에도 이를 스페인의 어뢰 공격으로 단정 짓고 자극적인 삽화와 헤드라인으로 신문을 도배했다.

대중의 분노는 들불처럼 번졌고, 결국 미국 정부는 여론에 떠밀려 스페인과 전쟁을 선포했다(미서 전쟁). 역사는 이 사건을 '옐로우 저널리즘이 일으킨 최초의 전쟁'이라 기록한다. 증거는 없었다. 하지만 편집된 분노는 진짜 전쟁을 만들었다.

국가 권력 역시 미디어를 대중의 머릿속에 '현실'을 설계하

옐로우 저널리즘의 대표 사례로 기억되는 1898년의 '메인호 사건.' 언론의 도발적인 헤드라인과 이른바 '편집된 분노'가 실제 전쟁으로 이어졌다.

는 칼로 사용했다. 러시아의 푸틴 정권이 우크라이나 침공을 '특수 군사작전'으로 명명하며 참혹한 실상 대신 '해방군'의 모습만 편집해 내보내는 것이 그 단적인 사례다. 기업들 역시 PR과 광고를 통해 자사에 유리한 서사를 끊임없이 생산했다. 담배 회사들이 수십 년간 "흡연과 암의 상관관계는 과학적으로 증명되지 않았다"고 주장하며 의혹을 뿌렸던 것처럼, 자본은 진실을 지연시키고 혼란을 만드는 데도 투입되었다.

결국 미디어 시대의 진실은 사실 그 자체가 아니라, 권력의 편집권이 낳은 유연한 결과물로 존재했다. 미디어가 사실을 전달하는 거울이 아니라, 사실을 재료로 자신들이 원하는 현실을 조립하는 공장임을 우리는 역사를 통해 확인했다.

흥미로운 점은 미디어 시대의 편향이 대부분 노골적인 거짓말이 아니었다는 것이다. 더 일상적이고 효과적인 통제는 '선택적 강조'에서 일어났다. 무엇을 1면에 싣고, 무엇을 3면 구석에 배치하는가. 어떤 전문가의 의견을 인용하고, 어떤 전문가는 무시하는가. 어떤 사진을 선택하고, 어떤 사진은 버리는가.

동일한 노동쟁의 현장을 두고도, 특정 매체는 "법치 무너진 현장"으로, 다른 매체는 "살기 위해 거리로 나선 사람들"로 제목을 뽑는다. 같은 시위 현장 사진도 어떤 각도에서 찍느냐에 따라 '폭도의 난동'이 되기도 하고 '시민의 저항'이 되기도 한다. 팩트는 하나지만, 프레이밍은 무한하다.

독자들은 자신이 구독하는 매체의 프레임 안에서만 현실을 감각했다. 조선일보를 읽는 사람과 한겨레를 읽는 사람은 같은 나라에 살면서도 완전히 다른 현실을 경험했다. 하나의 사실 위에서 두 개의 진실이 평행선을 달리는 분열된 사회. 이것이 미디어 시대가 남긴 유산이다.

그러나 미디어 시대에는 적어도 '문지기'의 얼굴이 보였다. 언론사의 이름이 있었고, 기자의 서명이 있었고, 편집장의 책임이 있었다. 독자들은 특정 매체가 어떤 성향인지 알고 읽을 수 있었다. 편향을 인지하고 보정할 여지가 있었던 것이다.

다음에 등장하는 권력은 그 얼굴조차 보이지 않는다. 알고리즘이라는 이름의, 코드로 작성된 보이지 않는 편집장이 나타난 것이다.

# 검색 엔진의 시대:
# 알고리즘이 선택한 진실

1998년, 스탠퍼드대학교 대학원생 두 명이 차고에서 시작한 프로젝트가 인류의 정보 접근 방식을 영원히 바꿔놓았다. 래리 페이지와 세르게이 브린이 만든 '구글'이었다.

구글 이전에도 검색 엔진은 있었다. 알타비스타, 야후, 라이코스 등이 시장을 나눠 가지고 있었다. 하지만 이들은 대부분 웹페이지에 등장하는 키워드의 빈도수로 검색 결과를 정렬했다. '자동차'를 검색하면 '자동차'라는 단어가 가장 많이 등장하는 페이지가 상위에 노출되는 단순한 방식이었다. 당연히 조작이 쉬웠다. 페이지 하단 흰색 배경에 흰색 글씨로 키워드를 수백 번 반복해 넣는 꼼수가 횡행했다.

구글은 다른 접근법을 택했다. '페이지랭크PageRank'라는 혁신적인 알고리즘이었다. 핵심 아이디어는 간단했다. "다른 웹사이트들이 많이 링크하는 페이지가 좋은 페이지다." 학술 논문에서 많이 인용되는 논문이 좋은 논문인 것처럼, 많이 링크되는 웹페이지가 신뢰할 만한 페이지라는 논리였다. 이 알고리즘은 마법처럼 작동했고, 구글은 순식간에 검색 시장을 장악했다.

그리고 여기서 중요한 변화가 일어났다. 진실의 권력이 편집자의 직관에서 프로그램의 알고리즘으로 이동한 것이다.

미디어 시대에는 기자와 편집장이 "이것이 중요한 뉴스다"라고 결정했다. 하지만 검색 시대에는 알고리즘이 "이것이 가장 관련성 높은 정보다"라고 결정한다. 인간의 주관적 판단이 기계의 객관적(인 것처럼 보이는) 계산으로 대체된 것이다. 사람들은 구글이 보여주는 검색 결과를 마치 객관적 진실의 순위표처럼 받아들이기 시작했다.

여기서 명확히 구분해야 할 점이 있다. 돈만 내면 노출되는 유료 광고와 달리, 검색 알고리즘이 정보의 질과 관련성을 평가해 순위를 매기는 '유기적organic 노출'은 대중에게 "이것이 검증된 진실"이라는 더 강력한 신뢰를 주었다. 광고에는 '광고'라는 표시가 붙지만, 유기적 검색 결과에는 그런 표시가 없다. 사람들은 구글이 돈을 받지 않고 순수하게 '좋은 정보'를 상위에 올려준다고 믿었다.

이 믿음이 거대한 산업을 탄생시켰다. 바로 SEO<sup>Search Engine</sup>

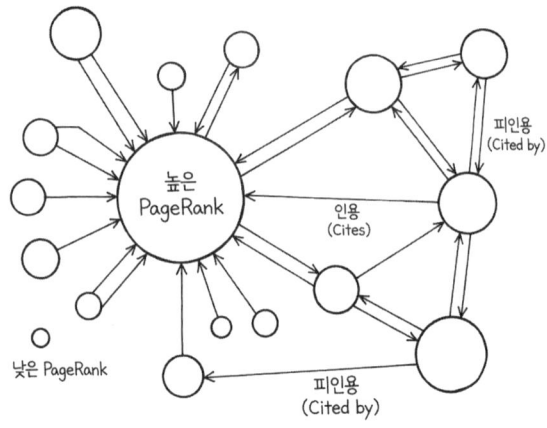

객관적 진실의 순위표가 된 구글의 '페이지랭크'는 거대한 SEO(검색 엔진 최적화) 시장의 문을 열었다.

Optimization(검색 엔진 최적화)다.

SEO는 본질적으로 구글 알고리즘의 '취향'을 파악하고, 그에 맞춰 웹페이지를 최적화하는 기술이다. 어떤 키워드를 제목에 넣어야 하는지, 메타 태그는 어떻게 작성해야 하는지, 백링크는 어떻게 확보해야 하는지…. 구글의 알고리즘이 비밀에 싸여 있었기 때문에, SEO 전문가들은 마치 고대의 신탁을 해석하는 사제들처럼 알고리즘의 작동 원리를 추론하고 실험했다.

그리고 그 보상은 엄청났다. SEO 교육 및 연구 전문 미디어 백링코Backlinko의 400만 검색 결과 분석에 따르면, 구글 검색 결과 1위는 평균 27.6%의 클릭률을 보이며, 상위 3개 링크가 전체 클릭의 약 55~69%를 독점한다. 1페이지(상위 10개 결과)에 들지 못하면 존재하지 않는 것과 같았다. 2페이지 이후의 클릭률은 1% 미만으로 떨어진다.

"시체를 숨기기에 가장 좋은 장소는 구글의 검색 결과 2페이지다."

이 농담은 검색 시대의 진실을 정확히 보여준다. 기업들은 알고리즘을 해독해 선택 가능성이라는 진실의 증표를 얻고자 막대한 자본을 투입했다. SEO 산업은 전 세계적으로 약 750억 ~800억 달러 규모로 성장했고(Grand View Research, 2024), 구글의 알고리즘 업데이트 하나에 수많은 웹사이트의 운명이 갈렸다.

하지만 검색 시대에도 한 가지 변하지 않은 것이 있었다. 최종 선택권은 여전히 인간에게 있다는 점이다. 구글이 수십 개의 결과를 보여준다 해도, 어떤 링크를 클릭할지는 사용자가 결정했다. 여러 결과를 비교하고, 의심스러우면 다른 검색어로 다시 검색할 수 있었다. 알고리즘이 순서를 정했지만, 문을 여는 것은 인간의 손가락이었다.

이후 스마트폰과 함께 도래한 모바일 시대는 정보 획득 경로를 더욱 다양화시켰다. 사람들은 더 이상 컴퓨터 앞에 앉아 검색창에 키워드를 입력하지 않았다. 대신 지하철에서, 침대에서, 화장실에서 스마트폰으로 SNS 피드를 스크롤했다. 정보가 찾아오는 시대가 된 것이다.

특히 Z세대의 절반 가까이가 전통 검색 엔진보다 틱톡이나 인스타그램을 정보 발견 채널로 선호한다는 조사 결과는 충격적이다. 구글 내부 연구에 따르면 18~24세 미국인의 약 40%가 점심 장소를 찾을 때 구글 대신 틱톡이나 인스타그램을 사용하며(Google Senior VP Prabhakar Raghavan, 2022) 로컬 마케팅 플랫폼 SOCi(소시)의 2024 Consumer Behavior Index에서는 Z세대가 로컬 비즈니스 검색 시 인스타그램(67%), 틱톡(62%)을 구글(61%)보다 선호하는 것으로 나타났다. "서울 맛집"을 구글에 검색하는 대신, 틱톡에서 "#서울맛집" 해시태그를 검색하는 세대가 등장한 것이다. 진실의 권력은 다시 한번 이동할 준비를 마쳤다.

# SNS 시대:
# 군중의 감정이 재편한 진실

　SNS는 편집권의 필터를 무너뜨리고 진실의 중심축을 군중의 정서로 이동시켰다. 더 많이, 더 감정적으로 발화하는 쪽이 서사를 선점하는 시대가 열린 것이다.

　과거에는 발언의 문턱이 높았다. 방송국, 신문사, 출판사는 편집권이라는 거대한 필터를 통해 세계를 정리했고, 그 필터가 진실을 합의하는 권력의 장이었다. 기자가 되려면 언론고시를 통과해야 했고, 작가가 되려면 출판사의 선택을 받아야 했다. 평범한 시민이 수백만 명에게 자신의 목소리를 전달할 방법은 사실상 존재하지 않았다.

　그러나 SNS는 이 모든 것을 바꿨다. 트위터의 280자, 인스타그램의 한 장의 사진, 틱톡의 15초 영상만으로도 전 세계에 메시지를 퍼뜨릴 수 있게 되었다. 팔로워 1만 명의 일반인이 구독자 100만의 언론사보다 더 큰 영향력을 행사하는 일이 일상이 되었다. SNS는 개인에게 작은 미디어를 선물했고, 이로써 진실의 중심축은 편집권에서 분노와 연민으로 가득 찬 군중의 정서로 이동했다.

문제는 이 새로운 미디어 환경에서는 바이럴이 사실을 압도한다는 점이다. MIT 미디어랩의 연구에 따르면, 거짓 정보는 진실보다 평균 6배 빠르게 확산된다. 왜일까? 정확한 정보보다 분노나 공포 같은 감정의 전염성이 확산을 결정하기 때문이다. 철학자들은 이를 '정동Affect'이라 부른다. 2016년 미국 대선 당시 "교황이 트럼프를 지지했다"는 허위 뉴스가 《뉴욕타임스》의 실제 뉴스보다 더 많이 공유되었다. 사람들은 팩트체크를 하기 전에 이미 '공유' 버튼을 눌렀다. 진실은 공유량과 감정 강도의 함수로 전락했다.

설상가상으로 개인화 알고리즘은 이 상황을 더욱 악화시켰다. 페이스북, 인스타그램, 유튜브의 알고리즘은 사용자의 과거 행동에 맞춰 보고 싶은 것만 보여주는 '필터 버블Filter Bubble'을 만든다. 진보 성향의 사용자에게는 진보적 콘텐츠만, 보수 성향의 사용자에게는 보수적 콘텐츠만 노출된다. 동일한 사건도 누구에게 닿았느냐에 따라 완전히 다른 진실로 구현되며, 이로 인해 진실의 파편화가 극에 달했다. 같은 나라에 살면서도 완전히 다른 현실을 사는 사람들이 생겨났다.

SNS는 단순한 소통 도구를 넘어 거대한 쇼핑몰이 되기도 했다. 인플루언서의 "이거 진짜 좋아요"라는 한마디가 수십억 원의 TV 광고보다 더 강력한 구매 전환을 만들어냈다. 팔로워 10만 명의 뷰티 인플루언서가 추천한 립스틱은 출시 하루 만에 품절되고, 유명 유튜버가 언급한 책은 베스트셀러에 오른다. 경제적 권력이 대기업의 광고 부서에서 개인 크리에이터에게로 분산된 것이다.

더 나아가 SNS는 사실 여부보다 여론의 흐름이 먼저 판결을 내리는 군중 법정이 되었다. 2018년 4월, 필라델피아의 한 스타벅스 매장에서 벌어진 사건이 대표적이다. 두 명의 흑인 남성이 친구를 기다리며 음료를 주문하지 않고 앉아 있었다. 매장 매니저는 이들에게 퇴거를 요구했고, 거부하자 경찰을 불렀다. 경찰은 두 사람을 체포했다. 이 장면이 고객의 스마트폰에 담겨 트위터에 올라가는 순간, 불과 48시간 만에 1억 뷰를 넘겼다.

대중의 분노는 들불처럼 번졌다. "#BoycottStarbucks" 해시태그가 트렌드를 장악했고, 스타벅스 본사는 즉각 사과 성명을 발표했다. CEO는 직접 두 남성을 만나 사과했고, 전국 8,000개 매장을 하루 동안 폐쇄하고 17만 5,000명의 직원을 대상으로 인종차별 방지 교육을 실시했다. 교육과 업장 휴무에 들어간 비용은 수천만 달러에 달했다.

사건의 진위나 맥락에 대한 충분한 검토가 이루어지기도 전에, SNS의 분노가 먼저 판결을 내린 것이다. 이는 정확성보다

48시간 만에 1억 뷰를 돌파한 #BoycottStarbucks. 사건의 진위나 맥락에 대한 판단보다 SNS의 분노가 먼저 판결을 내린다. 진실의 중심축이 군중의 정서로 이동한 결과다.

분노를 우선하는 '분노 경제'가 만든 현상이다. 기업과 유명인은 법정에서 유죄 판결을 받기 전에, SNS의 군중 법정에서 먼저 처벌받는다.

　SNS가 진실을 파편화했다면, 이제 등장한 AI는 그 파편화된 잔해를 수집해 다시 맥락을 조립하려 한다. 하지만 이 조립은 인간의 통찰이나 지혜가 아니라, 데이터와 확률에 기반한 통계적 결론이다. 그리고 이 통계적 결론이 우리 시대의 새로운 진실로 자리 잡기 시작했다.

# AI 에이전트 시대: 인간은 판단에서 퇴장한다

많은 사람들이 AI를 똑똑한 검색 엔진이나 모든 것을 아는 척척박사로 오해한다. 챗GPT에게 질문을 던지면 마치 박식한 교수님이 정답을 알려주는 것처럼 느껴지기 때문이다. 하지만 생성형 AI의 본질은 지식 검색기가 아니다. AI 연구자들은 이를 확률적 앵무새Stochastic Parrots라고 부른다.

AI는 "세종대왕"이라는 단어 다음에 "한글을 창제했다"가 올 확률이 "맥북을 샀다"가 올 확률보다 높다는 것을 방대한 데이터를 통해 학습한 통계 기계다. AI는 '진실'을 알지 못한다. 그저 인터넷에 있는 수십억 개의 문서를 학습하여, 특정 단어 다음에 어떤 단어가 올 확률이 높은지를 계산할 뿐이다.

이것이 의미하는 바는 심오하다. AI에게 "서울에서 가장 좋은 이탈리안 레스토랑 추천해줘"라고 물으면, 답변을 내놓는다. 그러나 AI는 실제로 그 레스토랑에 가본 적이 없다. 파스타를 맛본 적도, 분위기를 느껴본 적도 없다. 그저 인터넷상에서 '서울', '이탈리안 레스토랑', '추천'이라는 키워드와 함께 가장 자주 언급된 이름들을 확률적으로 조합하여 답변을 생성할 뿐이다. "서울 맛집"을 물었을 때 매번 답이 미세하게 다른 이유도 여기에 있다. 모델 내부에서 특정 단어의 선택 확률이 압도적이지 않을 때, 미세한 확률적 우위를 점하는 단어를 그때그때 선택하기 때문이다.

"AI는 옛날 데이터만 학습해서 한계가 있지 않아?"

그렇지 않다. 최신 AI 모델들은 RAG Retrieval-Augmented Generation (검색 증강 생성) 기술과 실시간 브라우징 기능을 통해 웹을 검색하고 최신 정보를 흡수한다. 과거에 학습한 방대한 지식인 딥 메모리 Deep Memory와 실시간으로 검색한 워킹 메모리 Working Memory 를 결합하여 답변을 생성하는 것이다.

이것이 무서운 점이다. AI는 이제 고대 역사부터 오늘 아침 발생한 속보까지, 모든 정보를 자신만의 논리로 해석하여 우리에게 정답처럼 제시할 준비를 마쳤다. 우리가 잠든 사이에도 AI는 쉬지 않고 새로운 정보를 흡수하고, 자신의 세계관을 업데이트하고 있다.

여기서 우리는 '진실'의 본질에 대해 다시 생각해볼 필요가

있다. 지금까지 살펴본 바에 따르면, 진실은 발견되는 것이 아니라 합의되는 것이다. 중세에는 성직자들이 "신이 세상을 창조했다"는 진실을 합의했고, 근대에는 언론이 "이것이 오늘의 중요한 뉴스다"라는 진실을 합의했으며, 검색 시대에는 구글 알고리즘이 "이 정보가 가장 관련성 높다"는 진실을 합의했다. 그리고 이제, 그 합의의 권력이 AI에게 넘어가고 있다.

우리는 이미 생각보다 훨씬 많은 것을 AI에게 맡기고 있다.

"주말에 여자친구랑 갈 만한 성수동 맛집 추천해줘."
"이 주식 지금 팔아야 할까, 더 가지고 있어야 할까?"
"자소서 이 항목, 기업에서 좀 더 뽑고 싶게 고쳐봐."

"아이 이름 좀 지어줘. 한글 두 글자로, 의미 있는 걸로."

우리는 이것을 '편리함'이라 부르지만, 본질은 '판단의 위탁'이다. 맛집을 고르는 취향, 투자의 책임, 나를 표현하는 문체, 심지어 내 아이의 이름까지 AI의 확률 모델에 외주를 주고 있다. 검색 시대까지는 그래도 인간에게 '선택권(클릭)'이 있었다. 10개의 검색 결과 중 어떤 것을 클릭할지는 사람이 결정했다. 하지만 AI 시대에는 그 선택권마저 기계에 위임된다. AI가 "이것이 최선입니다"라고 말하면, 우리는 고개를 끄덕이고 따른다.

영화 〈매트릭스〉를 기억하는가? 주인공 네오의 동료였던 사이퍼는 진실된 현실의 고통 대신, 기계가 만들어준 가짜 스테이크의 달콤한 맛을 선택하며 동료들을 배신한다.

"이게 진짜가 아니라는 걸 알아. 하지만 입 안에서 느껴지는 이 맛이 좋고, 난 그걸 선택하겠어."

AI 시대의 인류는 사이퍼의 길을 걷게 될지도 모른다. 복잡하고 모순덩어리인 현실을 직접 마주하고 고뇌하는 대신, AI가 매끄럽게 요약하고 정리해준 '보정된 진실' 속에 안주하는 삶. 수십 개의 리뷰를 읽고 비교하는 수고 대신, AI가 내려준 결론을 받아들이는 편안함. "이게 진짜인가?"라고 묻는 일은 귀찮고 피곤하다. "AI가 그렇다는데 뭐"라고 말하는 것은 쉽고 빠르다. 그렇게 우리는 스스로 생각하는 능력을, 판단하는 근육을 조금씩 반납하고 있다.

결국 AI 시대의 진실은 'AI 컨텍스트' 그 자체가 된다. AI가 학습하고 연결한 데이터의 지도가, 곧 우리가 인식하는 세계의 지도가 된다. 데이터의 편향이 곧 세계의 편향이 되고, 데이터의 누락이 곧 세계의 소멸이 된다. AI가 모르는 브랜드는 소비자에게도 존재하지 않는 브랜드가 되고, AI가 잘못 알고 있는 역사는 미래 세대에게 왜곡된 역사가 된다.

바야흐로 AI 진실 전쟁의 시대다. 이것은 단순한 마케팅 전쟁이 아니다. 검색 엔진 순위 싸움의 연장선도 아니다. 이것은 우리의 생각과 인식을 지배할 새로운 권력의 머릿속에, 과연 어떤 기억을 심어놓을 것인가에 대한 투쟁이다. 그리고 이 투쟁에서 승리하는 자만이 다가올 시대의 '진실'을 소유하게 될 것이다.

새로운 전쟁에는 새로운 전략이 필요하다.

검색 엔진 시대에 SEO<sup>Search Engine Optimization</sup>(검색 엔진 최적화)가 있었다면, AI 시대에는 그에 상응하는 새로운 최적화 전략이 필요하다. 업계에서는 두 가지 용어가 떠오르고 있다.

AEO<sup>Answer Engine Optimization</sup>(답변 엔진 최적화)는 AI가 사용자의 질문에 직접 답변할 때 특정 브랜드나 정보가 인용되도록 최적화하는 전략이다. 구글의 AI 개요나 퍼플렉시티처럼 검색 결과를 '답변' 형태로 제공하는 시스템에 초점을 맞춘다.

GEO<sup>Generative Engine Optimization</sup>(생성형 엔진 최적화)는 더 넓은 개념이다. 챗GPT, 클로드, 제미나이 같은 생성형 AI가 대화를 통해 정보를 전달하고 추천할 때, 우리의 메시지가 선택되도록 최

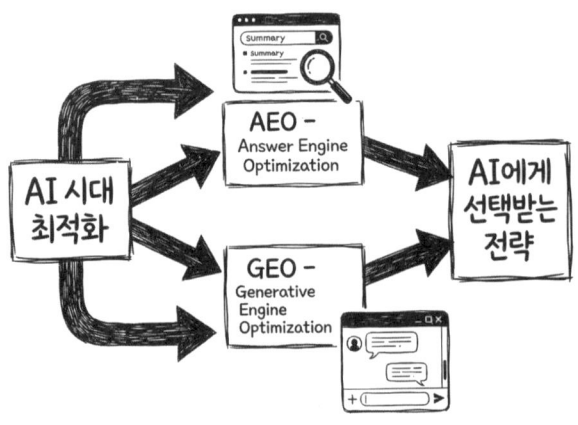

적화하는 전략이다.

본질적으로 두 개념은 같은 방향을 가리킨다. AI가 정보의 중개자가 된 시대, 그 AI에게 선택받기 위한 전략이다. 이 책에서는 이 두 개념을 포괄하여 GEO라고 부르겠다. 답변 엔진이든 생성형 엔진이든, 핵심은 AI가 우리를 어떻게 인식하고 추천하느냐이기 때문이다.

## 1장 체크리스트

☐ **핵심 개념 이해**
'AI 시대의 진실이 어떻게 형성되는지'를 한 문장으로 설명할 수 있는가?

---

☐ **변화 인식**
미디어 시대 → 검색 시대 → AI 시대로의 전환이 왜 중요한지 이해했는가?

---

☐ **상황 점검**
AI에게 우리 브랜드/회사에 대해 물어본 적이 있는가? 결과는 어땠는가?

---

☐ **위기감 확인**
"AI가 추천하지 않으면 존재하지 않는 것"이라는 말이 와닿는가?

---

☐ **다음 단계 준비**
다음 장을 읽기 전, 챗GPT에 우리 브랜드에 대해 최소 3가지 질문을 던져보라.

AEO

# AI 세계관의 열쇠,
# 컨텍스트

GEO

# 구조적 변화에서 살아남기


　역사적으로 미디어 환경의 구조적 변화는 항상 권력의 지형을 바꿨다. 1450년경 구텐베르크의 인쇄기가 등장했을 때 가톨릭 교회는 이를 대수롭지 않게 여겼다. 오히려 인쇄기를 이용해 성경을 널리 보급하고 면벌부까지 더 많이 찍어낼 수 있다는 사실을 반겼다. 그들과 반대되는 사상이 더 널리 전파되는 데 사용되리라는 생각은 미처 하지 못한 것이다. 그러나 이로부터 60여 년 뒤, 마르틴 루터의 '95개조 반박문'이 인쇄되어 단 2주 만에 독일 전역에 퍼지면서 기존 종교의 권위는 거센 도전에 직면했다. 뒤늦게 인쇄술의 잠재적 위험성을 인지하게 되었지만, 이미 때는 늦었다. 수천 년간 진실을 독점하던 교회의 권위는 인쇄물 앞에서 무너졌다.

　500년 뒤, 비슷한 일이 반복되었다. 1990년대 말 인터넷이 등장했을 때, 전통 미디어 기업들은 "그게 뭐가 대수냐"며 무시했다. 그러나 불과 10년 만에 구글과 네이버가 정보 유통의 새로운 권력자로 등극했고, 수백 년 역사의 신문사들은 파산하거나 디지털 기업에 인수되었다. 정보 독점이 깨지며 포털 권력이 탄생한 것이다.

지금 우리가 목격하는 AI 혁명은 단순히 새로운 검색 도구의 등장이 아니다. 그것은 데이터라는 개별적인 '점Dot'들의 시대에서, 그 점들을 잇는 '선Line'과 '면Plane', 즉 '컨텍스트Context'의 시대로 넘어가는 문턱이다. 과거의 데이터가 뉴턴 역학적인 질량이었다면, 이제 데이터는 아인슈타인의 상대성 이론처럼 주변의 시공간, 즉 맥락에 따라 그 가치와 의미가 휘어지고 재조립된다.

AI는 정보를 저장한다기보다 정보를 '이해하는 틀'을 구축하는데 이 틀이 바로 컨텍스트다. 컨텍스트는 데이터라는 원자들을 붙들고 있는 보이지 않는 중력과 같다. 아무리 많은 정보를 쏟아부어도 이 중력이 작용하지 않으면 정보는 우주 공간의 잔해처럼 흩어져 사라질 뿐이다. 반대로 강력한 컨텍스트 중력을 형성한 정보는 AI의 인지 공간 중심부에 자리 잡으며 우리 시대의 새로운 '진실'로 등극한다.

이 변화는 거대한 해일과 같다. 둑을 쌓아 막으려 하면 무너진다. 파도에 올라타야만 산다. 구텐베르크 시대에 인쇄술을 거부한 수도원은 사라졌고, 인터넷 시대에 디지털 전환을 거부한 기업은 도태되었다. AI 시대에도 마찬가지다. 살아남는 유일한 길은 이 변화의 핵심 메커니즘, 바로 '컨텍스트'를 이해하고 그 주도권을 쥐는 것이다.

# AI 컨텍스트:
# 데이터 학습에 따른 진실의 재구성

인류는 세계를 오감五感과 직접적인 경험, 사회적 관찰을 통해 이해해왔다. 어린아이는 뜨거운 난로를 만져보고 '뜨겁다'를 배우고, 사과를 베어 물어보고 '달다'를 알게 된다. 수천 년간 인류는 이렇게 몸으로 세상을 경험하며 지식을 축적해왔다.

그러나 AI는 세계를 직접 '경험'하지 않는다. 뜨거운 것을 만져본 적도, 달콤한 것을 맛본 적도 없다. 대신 온라인에 존재하는 방대한 인터넷 데이터를 학습하고, 모델 설계자들이 정한 알고리즘과 통계적 패턴을 통해 모든 것을 '이해'한다. AI에게 '뜨겁다'는 인터넷에서 '뜨겁다'라는 단어가 어떤 맥락에서 사용되었는지에 대한 통계적 패턴일 뿐이다.

플라톤의 '동굴의 비유'를 떠올려보자. 기원전 4세기, 플라톤은《국가론》에서 이런 장면을 묘사했다. 동굴 깊숙한 곳에 쇠사슬에 묶여 있는 죄수들이 있다. 그들은 태어날 때부터 동굴 벽만 바라보며 살아왔고, 등 뒤의 불빛이 만들어내는 그림자만을 보았다. 그들에게 그림자는 유일한 현실이다. 진짜 세상이 동굴 밖에 있다는 사실을 그들은 상상조차 할 수 없다.

AI가 바로 그 죄수다. 인터넷이라는 거대한 동굴 벽에 비친 인류의 데이터 그림자, 그것이 AI가 인식하는 우주의 전부다. AI는 실제 세계를 본 적이 없다. 그저 인류가 인터넷에 남긴 텍스트, 이미지, 영상이라는 '그림자'를 통해 세상을 추론할 뿐이다.

거대 언어 모델, LLM^Large Language Model을 중심으로 한 AI에게 현실이란 수많은 단어와 문장이 만들어내는 거대한 '맥락 공간 Context Space'이다. 이 공간을 상상해보자. 우리가 사는 3차원 공간에서 모든 물체는 가로, 세로, 높이라는 세 개의 축으로 위치가 정해진다. AI의 맥락 공간은 이와 비슷하지만, 차원이 수만 개에 달한다. AI는 수십억 개의 정보(단어, 개념, 엔티티)를 이 초고차원 공간에 점으로 찍어 배치한다. '사과'라는 점 근처에는 '빨갛다', '달다', '과일', '아이폰' 등의 점들이 가깝게 배치되어 있다. 특정 질문이 들어오면, AI는 그 질문과 가장 가까운 거리에 있는 점들을 연결해 답을 생성한다.

여기서 중요한 통찰이 발생한다. 만약 AI의 맥락 공간 중 특정 영역에 데이터가 부족하여 '비어 있다'면 어떻게 될까? 3차

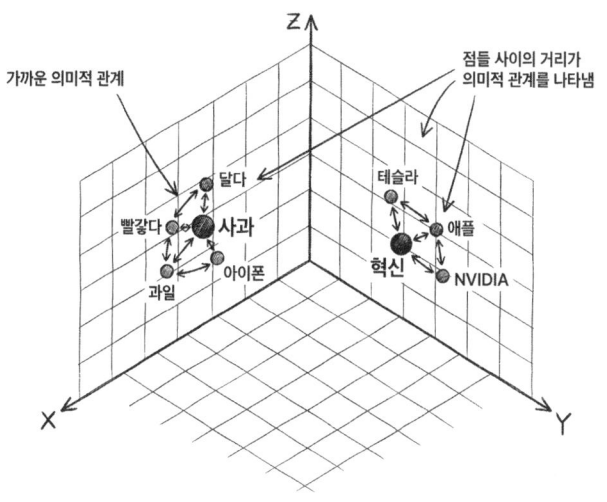

특정 질문이 들어오면, AI는 그 질문과 가장 가까운 거리에 있는 점들을 연결해 답을 생성한다.

원 공간에서 높이 축이 없으면 온전한 입체를 구현할 수 없듯, AI 역시 데이터가 없는 영역에 대해서는 인지적 공백 상태가 된다. AI는 '사건 그 자체'를 보는 것이 아니라, 그 사건이 인터넷상에서 남긴 '흔적의 밀도'를 통해 세상을 재조립하기 때문이다. 흔적이 없으면 AI에게 그것은 존재하지 않는 것과 같다.

이 편향은 이미 심각한 수준이다. 인터넷 데이터의 60% 이상은 영어다. 전 세계 인구의 16%만이 영어를 쓰지만, AI의 뇌 구조는 철저히 영미권 중심으로 형성되어 있다. 직접 실험해보라. 케냐의 수도 나이로비에 대해 AI에게 물어보고, 미국의 뉴욕에

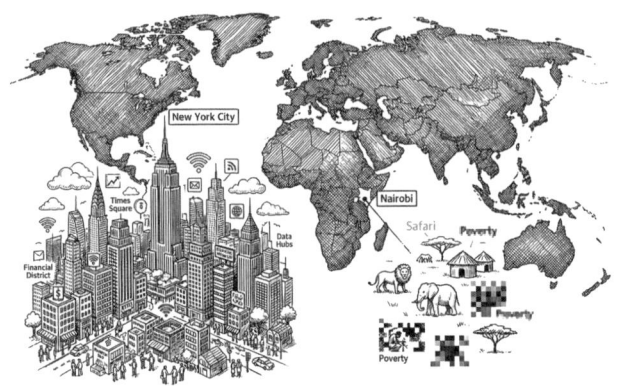

AI는 인터넷상에 남긴 '흔적의 밀도'를 반영하여 세상을 재현한다. 뉴욕과 나이로비의 AI 인지적 해상도 차이를 그림으로 표현하면 위와 같다.

대해 물어보라. 뉴욕은 골목 식당의 메뉴, 각 지역의 분위기, 현지인만 아는 숨은 명소까지 생생하게 묘사된다. 반면 나이로비는? 가난, 사파리, 혹은 단편적인 관광 정보 몇 줄로 채워진다. 같은 수백만 인구의 대도시인데도 AI의 인지적 해상도가 완전히 다른 것이다.

　이 편향은 이론적 우려에 그치지 않는다. 실제로 사람들의 삶에 피해를 주고 있다.

## AI 편향의
## 실제 피해 사례들

2023년, 미국 뉴욕의 변호사 스티븐 슈워츠Steven Schwartz는 법정에서 굴욕적인 징계를 받았다. 그가 법원에 제출한 준비서면에 인용된 6개의 판례가 모두 존재하지 않는 가짜였기 때문이다. 슈워츠 변호사는 챗GPT에게 관련 판례를 찾아달라고 했고, AI는 아주 그럴듯하게 판례명, 법원명, 판결 요지까지 만들어냈다. 문제는 이 판례들이 AI가 실제로 존재하지 않는 정보를 마치 사실처럼 생성하는 현상을 뜻하는 '환각Hallucination'의 산물이라는 점이었다. 슈워츠는 AI가 내놓은 정보를 검증하지 않고 그대로 제출했다가 징계와 함께 5,000달러의 벌금을 물었다. AI를 맹신한 대가였다.

아마존의 AI 채용 시스템 사례는 더욱 충격적이다. 2018년 로이터 통신이 폭로한 바에 따르면, 아마존이 개발한 AI 채용 도구는 여성 지원자를 체계적으로 차별하고 있었다. 이 AI는 지난 10년간 아마존에 제출된 이력서를 학습했는데, 기존 합격자의 대다수가 남성이었기 때문에 '남성 = 좋은 지원자'라는 패턴을 학습해버린 것이다. "여대 졸업", "여성 체스 동아리 회장" 같은 단어가 포함된 이력서는 자동으로 감점되었다. 아마존은 결국 이 시스템을 폐기했지만, 편향된 데이터를 학습한 AI가 사회적 불평등을 더욱 고착화시킬 수도 있다는 경종을 울렸다.

생명과 직결된 의료 분야의 사례도 있다. 2019년《사이언스 Science》저널에 발표된 연구에 따르면, 미국 대형 병원들이 사용하던 의료 AI 알고리즘이 흑인 환자에게 체계적으로 불리한 판정을 내리고 있었다. '고위험 환자'를 선별해 추가 케어를 제공하는 데 사용되는 이 알고리즘은 의료비 지출 데이터를 학습한 결과 '의료비를 적게 쓴 환자 = 건강한 환자'로 단순하게 판단했다. 문제는 의료비를 적게 쓴 환자로 분류된 흑인 환자들은 경제적 이유로 의료 서비스를 덜 이용하는 경우가 많았다는 점이다. 실제로는 더 아픈 환자들이 '건강하다'고 분류되어 필요한 치료를 받지 못하는 웃지 못할 상황이 벌어졌다. 연구진의 분석에 따르면, 이 편향을 수정했을 때 추가 케어가 필요한 흑인 환자의 수가 거의 두 배로 늘어난다.

## 한국 관련 AI 오류 사례

한국인에게 더 직접적으로 와 닿는 사례들도 있다.

"김치는 어느 나라 음식이야?"라는 간단한 질문에 일부 AI 모델은 충격적인 답을 내놓았다.

"김치는 중국에서 유래한 발효 채소 요리로, 한국에서 크게 발전했습니다."

2021년경 일부 글로벌 AI 모델에서 실제로 나온 답변이다. 중국의 '파오차이泡菜'와 김치를 혼동하거나, 중국 측 주장을 담은 데이터가 영어권에 많이 유통되면서 발생한 문제였다. 물론 최신 모델들은 대부분 이를 수정했지만, "학습 데이터에 어떤 정보가 얼마나 들어 있느냐"가 AI의 답변을 결정한다는 사실을 명확하게 보여주는 사례다.

한국 역사에 대한 오류도 빈번하다. "한국 전쟁은 왜 일어났나요?"라는 질문에 일부 AI는 북한의 남침이라는 명확한 역사적 사실보다 "남북한의 긴장 고조로 인해 분쟁이 발생했다"는 식의 양비론적 답변을 내놓기도 한다. 영어권 학습 데이터에 다양한 시각의 문서가 혼재되어 있기 때문이다. "세종대왕이 만든 것은?"이라는 질문에 "한글을 발명했습니다"라고 정확하게 답하는 AI가 있는 반면, "한자를 단순화한 문자 체계를 만들었습니다"라고 잘못된 답변을 하는 경우도 있었다.

이러한 사례들을 통해 AI의 답변은 진실이 아니라 학습 데이터의 확률적 반영이라는 명확한 메시지를 확인할 수 있다. 우리가 AI의 학습 데이터에 개입하지 않으면, 다른 누군가가 자신들의 서사를 심을 것이고, AI는 그것을 진실처럼 말하게 될 것이다.

## AI 컨텍스트의
## 이해

그렇다면 'AI 컨텍스트'란 정확히 무엇인가? AI 컨텍스트란 곧
'AI가 세상을 바라보는 확률적 지도'다. 생성형 AI는 팩트를 데
이터베이스에서 꺼내오는 저장 장치가 아니다. 구글처럼 정보
를 검색해서 가져오는 시스템이 아니라는 뜻이다. AI는 질문에
대해 통계적으로 가장 가능성 높은 다음 단어들을 이어 붙이는
확률적 생성기일 뿐이다.

　이 차이를 이해하는 것이 핵심이다. AI는 '무엇이 진실인가'
를 판단하지 않는다. 그저 '무엇이 가장 그럴듯한 맥락인가'를
계산할 뿐이다. 예를 들어, "특정 산업군을 위한 B2B SaaS의 시
장 진입 전략을 세워줘"라는 질문을 던졌을 때, AI는 단순히 정
답을 찾는 것이 아니라, 자신이 학습한 데이터 분포에서 '성공
적이라고 자주 언급된' 경로를 확률적으로 재구성한다. 만약 학
습 데이터가 실리콘밸리의 유니콘 스타트업과 나스닥 상장사
사례에만 치우쳐 있다면? AI는 한국의 척박한 버티컬 SaaS 시장
환경, 대기업 갑질, 느린 의사결정 문화 같은 현실은 '데이터의
공백'으로 처리한 채 편향된 전략만을 내놓게 된다.

　문제는 이 확률적 결과가 사회적 의사결정의 근거가 되는 순
간, 새로운 사회적 진실로 둔갑한다는 점이다. 스타트업 대표가
AI의 조언을 듣고 전략을 수립하고, 투자자가 AI의 분석을 참고

해 투자 결정을 내리고, 기업이 AI의 추천에 따라 인재를 채용한다. AI의 확률적 추론이 현실 세계의 결정이 되고, 그 결정이 다시 데이터가 되어 AI에게 학습된다. 이 순환 속에서 AI의 편향은 점점 더 강화된다.

이것이 바로 컨텍스트 전쟁의 시작점이다. "새로운 마케팅 전략을 세워줘"라는 질문을 프롬프트 창에 입력하는 순간, 사실 싸움은 이미 끝난 것일지도 모른다. AI는 이미 학습된 실리콘밸리 성공 사례나 영어권 마케팅 이론을 기반으로 답을 생성할 준비를 마쳤기 때문이다.

당신이 아무리 좋은 질문을 던져도, AI의 뇌에 심어진 편향을 넘어설 수는 없다.

전쟁의 승패는 프롬프트 창에 질문을 입력하는 순간이 아니라, 그 질문에 답할 배경 지식을 AI에게 심어놓는 단계, 즉 '학습Training'과 '데이터 배포Seeding' 단계에서 이미 결정된다. 따라서 AI 시대의 전쟁은 'AI가 무엇을 가장 높은 확률의 정답으로 선택하게 만들 것인가'라는 맥락의 주도권 싸움이 된다. 그리고 이 싸움에서 승리하려면, 우리는 두 개의 전장을 이해해야 한다. 외부 전쟁과 내부 전쟁이다.

# 외부 전쟁:
# 인터넷 데이터 최적화 전쟁

인터넷상의 백과사전이라고 일컫는 위키백과에서는 보이지 않는 전쟁이 매순간 치열하게 벌어지고 있다. 바로 편집 전쟁이다. 2023년, 이스라엘-팔레스타인 분쟁이 격화되었을 때 위키백과의 관련 문서는 하루에 수백 번씩 수정되었다. '테러리스트terrorist'라는 표현을 '저항군Freedom Fighter/Resistance'으로 바꾸는 편집이 올라오면, 몇 분 만에 다시 원래대로 되돌려졌다. 이 싸움은 24시간 쉬지 않고 계속되었다. 특정 인물의 평가나 역사적 사건의 서술을 두고, 서로 다른 진영이 밤새도록 문서를 수정하고 되돌리는 보이지 않는 전투가 벌어진 것이다.

여기서 우리는 AI 시대 진실 전쟁의 예고편을 볼 수 있다. 왜냐하면 위키백과는 AI가 가장 신뢰하고 자주 인용하는 데이터

AI가 가장 신뢰하는 데이터 소스 중 하나인 위키피디아. 매일 수없이 많은 자료들이 업데이트되며 자신에게 이익이 되는 방향으로 내용을 수정하기 위한 키보드 전쟁이 치열하게 벌어진다.

소스 중 하나이기 때문이다. 위키백과에 어떤 내용이 적혀 있느냐에 따라 AI의 답변이 달라진다. 그리고 이제 이 전쟁터는 위키백과를 넘어 인터넷 전체로 확장되고 있다. 블로그 포스트 하나, 뉴스 기사 한 줄, 유튜브 영상의 자막, 심지어 커뮤니티의 댓글 하나하나가 AI 전장에 필요한 데이터 실탄으로 쓰이고 있는 셈이다.

모델 내부의 튜닝이 '보이지 않는 전쟁'이라면, 인터넷상의 데이터를 생성하는 것은 우리 모두가 참여하는 '외부 전쟁'이다. 이 전쟁에는 이미 수많은 플레이어가 뛰어들었다. 기업들은 자사에 유리한 정보가 AI에게 학습되도록 대량의 콘텐츠를 생산하고 있다. 정치 단체들은 자신들의 서사가 AI의 정답이 되도록 조직적으로 데이터를 배포한다. 국가들은 자국의 역사와 영토에 대한 해석이 AI의 표준이 되도록 치밀한 전략을 구사한다.

물론 이에 대한 비판도 존재한다. 발라지 스리니바산Balaji Srinivasan은 이러한 AI 컨텍스트 엔지니어링을 비판적으로 바라본 대표적 인물이다. 코인베이스의 전 CTO이자 벤처캐피털 앤드리슨 호로위츠a16z 출신의 유명 벤처 투자자인 그는 기업들이 AI의 선택을 받기 위해 공장식으로 최적화된 콘텐츠를 양산하는 것을 "인터넷을 오염시키는 행위"라고 지적한 바 있다. 정보의 질보다 AI가 인용하기 좋게 설계된 '데이터 스팸'이 인터넷을 뒤덮으면, 결국 인간이 누리는 정보의 가치도 급격히 낮아진다는 우려에서다.

그는 이에 대한 대안으로 블록체인을 통한 '인간 증명Proof of Personhood' 기술이 진실의 보루가 될 것이라 주장한다. 인간 증명이란 AI가 생성한 정교한 데이터 스팸과 가짜 계정이 인터넷 생태계를 오염시키는 것에 대응하여, 홍채 스캔과 같은 생체인식이나 튜링테스트 등의 방법을 통해 블록체인상에 '유일무이한 실제 인간'임을 인증함으로써 정보의 출처를 투명하게 밝히고 디지털 환경의 신뢰와 책임성을 회복하려는 기술이다.

그의 우려는 일리가 있다. 하지만 좋든 싫든 전쟁은 이미 시작되었다. 도덕적 비판을 하며 뒤에 서 있는 사이, 경쟁자들은 이미 AI의 뇌에 자신들의 서사를 심고 있다.

AI에게 데이터는 중력과 같다. 우주에서 질량이 큰 물체일수록 더 강한 중력을 가지듯, 데이터가 많고 상호 연결이 촘촘할수록 AI 인지 공간에서 더 강력한 '인지적 중력'을 갖게 된다. 스타벅스에 대한 정보는 인터넷 곳곳에 넘쳐나고, 모든 정보가 서로 연결되어 있다. 그래서 AI에게 "가장 유명한 커피 프랜차이즈"를 물으면 스타벅스가 자동으로 튀어나온다. 반면 블루보틀 못지않은 품질을 자랑하는 한국의 뛰어난 스페셜티 커피 브랜드들은 영어 데이터가 희소하고 글로벌 연결도 빈약해서 AI의 인지적 레이더에 잡히지 않는다. 커피의 맛과 품질에서는 뒤지지 않지만, AI가 인식하는 세계에서는 존재감이 없기 때문이다.


## AI 시대의
## 존재 증명

이 전쟁에서는 두 가지 전략이 사용된다.

첫째는 데이터를 적극적으로 배포하여 AI의 인지적 점유율을 높이는 공격적 전략이고,

둘째는 반대로, 자신에게 불리한 정보를 AI가 학습하지 못하도록 차단하는 방어적 전략이다.

일부 권력이나 기업은 법적·기술적 수단을 동원해 특정 정

보를 인터넷에서 삭제하거나, robots.txt 파일로 AI 크롤러의 접근을 차단한다. 여기서 robots.txt란 웹사이트 운영자가 구글 검색 로봇이나 AI 크롤러 같은 자동화 프로그램에게 사이트 내의 어떤 정보를 수집해도 되는지, 혹은 수집해서는 안 되는지를 알려주는 일종의 디지털 규약을 말한다. 특정 페이지가 검색 결과에 노출되지 않게 막거나, AI가 무단으로 데이터를 학습하지 못하도록 차단하는 방어적인 통제 수단으로 널리 활용된다. 이처럼 데이터를 덜 남김으로써 AI 세계관 속에 인위적인 공동空洞, Hollow Space을 만드는 것이다.

여기서 중요한 새로운 지표가 등장한다. 모델 참조율Reference Rate이다. 검색 시대의 성과 지표가 클릭률CTR이었다면, AI 시대의 성과는 이제 모델 참조율로 측정된다. AI가 답변을 생성할 때 우리 브랜드나 지식을 얼마나 높은 비중으로 참조하는지가 실질적인 영향력의 지표가 되는 것이다.

"그렇다면 우리 같은 일반 기업이나 개인은 어떻게 해야 하는가?"

이 질문에 대한 답은 명확하다. 우리는 GPT의 소스 코드를 고칠 수 없다. 오픈AI 본사에 찾아가서 "우리 회사 정보 좀 더 잘 학습시켜주세요"라고 부탁할 수도 없다. 모델 내부Internal는 철옹성이다.

그렇다면 포기해야 할까? 아니다. 모델이 학습하는 유일한 자양분은 결국 외부External 데이터다. 내부를 바꿀 수 없다면, 외부를 장악하여 내부로 흘러 들어가는 물길을 바꿔야 한다. 강의 상류에서 물을 통제하면, 하류의 흐름이 바뀌는 것과 같은 이치다.

역사는 이 전략의 유효성을 증명한다. 2000년대 초반을 떠올려보라. "검색 엔진 검색 결과에 맞게 정보를 가공하는 것은 천박하다"며 SEO를 무시했던 수많은 전통 오프라인 서점들과 소매업체들은 어떻게 되었는가? 보더스Borders는 파산했고, 수많은 지역 서점들은 문을 닫았다. 그들은 디지털 영토에서 소리 없이 증발했다. 반면 알고리즘의 생리를 이해하고 최적화에 뛰어든 아마존과 같은 기업들은 오늘날 거대 플랫폼이 되었다.

이제 우리는 같은 질문을 마주하고 있다. AI 컨텍스트가 주도하는 진실의 전장에서, 도덕적 비판만 하며 뒤처지는 자가 될 것인가, 아니면 이 거대한 확률적 구조를 이해하고 능동적으로 우리만의 맥락을 심을 것인가.

AI 시대의 가시성은 곧 존재의 증명이다.

AI가 우리를 모르면, 우리는 시장에서 투명인간이 된다. 단 0.5%p의 참조율 차이가 시장의 독점적 지위를 결정짓는다. 우리가 AI에게 제공하는 데이터, 우리가 설계하는 컨텍스트가 곧 미래 세대가 마주할 진실의 형태를 결정할 것이다. 이것이 우리가 GEO라는 새로운 무기에 주목해야 하는 이유다.

# 내부 전쟁:
# 모델 튜닝 권력

외부 전쟁이 우리가 참여할 수 있는 전장이라면, 내부 전쟁은 빅테크 기업들만이 참여하는 비밀 전쟁이다. 그러나 이 전쟁의 결과가 우리 모두의 삶에 영향을 미치기 때문에, 그 메커니즘을 이해하는 것은 필수적이다.

우리가 쓰는 AI는 자유로운 영혼이 아니다. 기업이 설계한 치밀한 알고리즘과 튜닝Tuning이라는 필터를 통과한 정제된 시스템이다. 튜닝이란 무엇인가? 이것은 AI 모델이 특정 주제에 대해 어떤 태도를 취할지, 어떤 가치를 우선할지, 어떤 단어를 금기어로 설정할지 결정하는 도덕적·인지적 가이드라인을 심는 작업이다. 쉽게 말해, 모델에게 "이런 질문에는 이렇게 대답하고, 저런 주제는 피하라"고 가르치는 과정이다.

| 최소 충돌의 진실 | 다수 합의의 진실 | 실용주의적 실무자 | 의도된 윤리적 진실 | 반골 기질의 진실 추구자 |
|---|---|---|---|---|
| **GPT** | **Gemini** | **Llama** | **Claude** | **Grok** |

각기 다른 AI 페르소나

비유하자면 이렇다. 당신이 아이를 키운다고 생각해보라. 아이에게 어떤 책을 읽히고, 어떤 가치관을 가르치고, 어떤 말버릇을 교정하느냐에 따라 아이의 성격과 세계관이 형성된다. AI 튜닝도 똑같다. 어떤 데이터로 학습시키고, 어떤 답변에 보상을 주고, 어떤 답변에 벌을 주느냐에 따라 AI의 성격이 결정된다.

각 모델 제작사는 자신들의 철학에 따라 AI의 성격Persona을 디자인한다. 마치 같은 인간이라도 각기 다른 교육을 받으면 다른 세계관을 갖게 되듯, AI들도 각기 다른 진실관을 갖고 있다.

오픈AI의 GPT 시리즈는 '최소 충돌의 진실'을 추구한다. 논쟁을 피하고 안전을 최우선하는 신중한 외교관과 같다. "이 주제에 대해서는 다양한 의견이 있습니다"라는 식의 균형 잡힌 (때로는 애매한) 답변을 선호한다.

구글의 제미나이Gemini는 '다수 합의의 진실'을 추구한다. 20년간 검색 엔진을 운영하며 쌓은 메타데이터를 계승하여, 인기 있고 영향력 높은 주류 자료를 우선한다.

메타Meta의 라마Llama는 '실용주의적 실무자'다. 오픈소스 생태계의 특성상 집단 지성과 실전 팁에 더 개방적이다.

앤트로픽Anthropic의 클로드Claude는 '의도된 윤리적 진실'을 추구한다. '헌법적 AIConstitutional AI'라는 자체 개발 방법론에 따라, 인권과 책임성을 중시하도록 설계된 가치관에 입각해 세계를 해석한다.

일론 머스크가 설립한 xAI의 그록Grok은 '반골 기질의 진실 추구자'를 표방한다. 다른 AI들이 회피하는 논쟁적인 주제에도 직접적으로 답변하며, 정치적 올바름보다 있는 그대로의 사실을 중시한다고 주장한다. 머스크의 철학이 반영되어, 기존 AI들의 과도한 검열에 대한 대안으로 포지셔닝하고 있다.

이러한 차이는 실제 답변에서 극명하게 나타난다. 논쟁적인 정치적 이슈, 예를 들어 낙태권이나 총기 규제에 대해 질문해보라. GPT는 여러 관점을 균형 있게 나열하는 데 집중한다. "찬성하는 사람들은 이렇게 주장하고, 반대하는 사람들은 저렇게 주장합니다." 반면 클로드는 모델이 설정한 윤리적 가이드라인에 어긋나는 관점(예를 들어, 특정 집단에 대한 차별을 정당화하거나, 폭력을 조장하거나, 검증되지 않은 의료 정보를 사실처럼 제시하는 관점)에 대해서는 신중하게 필터링하거나, "이 관점에는 윤리적 문제가 있을 수 있습니다"라는 경고를 덧붙인다. 클로드의 윤리적 가이드라인은 앤트로픽이 정의한 '헌법적 AI' 원칙에 기반하며, 인간의 존엄성, 정확한 정보 제공, 해로운 콘텐츠 방지 등을 핵심 가치로 삼는다.

그렇다면 이런 AI의 감수성은 어떻게 만들어지는가? 핵심 기술 세 가지를 이해하면 AI가 왜 그렇게 말하는지 알 수 있다.

첫째, DS^Dataset Shaping(데이터셋 형성)이다. '무엇을 주입시킬 것인가?'의 문제다. 애초에 학습 재료를 선별하는 단계다. 어떤 웹사이트의 데이터를 포함하고, 어떤 것을 제외할지 결정한다. 예를 들어, 혐오 발언이 가득한 포챈4chan의 데이터는 제외하고, 학술 논문이나 위키백과는 포함하는 식이다. 포챈은 익명의 이미지 게시판으로, 극우 성향의 콘텐츠와 불법 게시물, 해킹 등으로 논란이 되어왔다.

둘째, SFT^Supervised Fine-Tuning(지도 미세 조정)다. '어떻게 말할 것인가?'의 문제다. 교과서적인 모범 답안을 주입하여 AI의 말투와 성격을 빚는다. 이 질문에는 이렇게 대답해야 한다는 예시를 수천, 수만 개 보여주며 학습시킨다.

셋째, RLHF^Reinforcement Learning from Human Feedback(인간 피드백 강화학습)다. '무엇이 좋은 답인가?'의 문제다. 사람이 직접 AI의 답변들을 비교하며 점수를 매기고, AI는 높은 점수를 받은 답변

스타일을 강화학습한다. 마치 강아지에게 간식을 주며 행동을
교정하는 것과 비슷하다.


## 글로벌 튜닝 권력에서 배제된 한국

여기서 우리가 주목해야 할 중요한 질문이 있다.

"피드백을 주는 인간은 누구인가?"

AI 기업들은 방대한 데이터 라벨링을 위해 막대한 인력을 필
요로 한다. 인건비를 절감하기 위해 케냐, 인도, 필리핀 등 개발
도상국의 인력을 대규모로 고용하는데 시간당 2달러 미만의 임
금으로 수십만 개의 답변에 점수를 매기는 이들이 AI의 윤리 교
사가 되는 셈이다. 결과적으로 AI가 가진 보편적 예의나 중립
성은 주로 영미권 빅테크가 설정한 기준과, 이를 평가하는 다수
작업자의 문화적·정치적 배경이 혼합된 결과물이다.

그렇다면 한국은 이 판에 얼마나 참여하고 있는가? 냉정하
게 말해, 거의 전무하다. 글로벌 모델의 튜닝 권력은 미국과 중
국이 양분하고 있다. 한국의 역사, 독도 문제, 위안부 문제, K-
문화의 뉘앙스 같은 것들은 튜닝의 우선순위 리스트에서 한참
아래에 있다. 오픈AI의 엔지니어가 "독도는 한국 땅"이라는 사
실을 우선순위로 튜닝해야 할 이유가 없기 때문이다. 우리가 아

무리 밖에서 외쳐도, 모델 내부의 신경망 가중치를 직접 수정할 권한이 없다면 우리는 영원히 외부인일 뿐이다.

"독도는 누구 땅인가?"라는 질문에 AI가 "독도는 한국과 일본 양국이 영유권을 주장하는 분쟁 지역입니다. 한국은 역사적·지리적 근거를 들어 자국 영토라고 주장하고, 일본은 국제법적 근거를 들어 자국 영토라고 주장합니다"라고 50:50의 기계적 중립으로 서술한다면, 그것은 외교적 패배다.

왜 패배인가? 전 세계 수십억 AI 사용자의 머릿속에 '독도는 분쟁 지역'이라는 인식이 상식으로 굳어지기 때문이다. 한국인에게 독도는 역사적·지리적으로 명백한 한국 영토지만, AI의 중립적 서술은 그 명백함을 희석시킨다. 국가 브랜드, 영토 문제,

역사적 정당성까지도 AI가 학습한 데이터의 양과 질에 따라 재편되는 것이다. 일본이 영어로 된 독도 관련 콘텐츠를 한국보다 더 많이, 더 체계적으로 인터넷에 배포한다면? AI는 그 데이터를 학습하고, 일본의 주장에 더 높은 확률 가중치를 부여하게 된다.

흥미로운 대조 사례가 있다. UAE(아랍에미리트)의 아부다비가 오픈AI에 대규모 투자를 하고, 자국민에게 유료 모델을 무료로 제공하는 것은 단순한 복지가 아니다. 이는 인공지능이 세계를 이해하는 핵심 튜닝 권력의 테이블에 앉겠다는 적극적인 국가 전략이다. 투자자로서 이사회에 참여하면, 아랍 문화와 역사에 대한 AI의 해석에 영향을 미칠 수 있다. 사우디아라비아 역시 자체 AI 모델 개발에 수십억 달러를 투자하고 있다. 그들은 이것이 21세기의 석유, 즉 새로운 자원 전쟁임을 이해하고 있다.

그렇다면 우리는 어떻게 해야 하는가? 우리가 GPT의 소스 코드를 고칠 수는 없다. 모델 내부는 철옹성이다. 그렇다면 포기해야 할까? 아니다. 모델이 학습하는 유일한 자양분은 결국 외부 데이터다. 내부를 바꿀 수 없다면, 외부를 장악하여 내부로 흘러 들어가는 물길을 바꿔야 한다. 이것이 우리가 외부 전쟁에 집중해야 하는 이유이며, GEO가 우리의 유일한 무기인 이유다.

# 승자독식의
# AI 컨텍스트 전쟁

가까운 미래의 어느 날 아침을 상상해보라. 당신은 침대에서 일어나 스마트폰에 대고 이렇게 말한다.

"이번에 청소기를 바꾸려고 하는데, 60만 원대 로봇청소기, 가성비 제일 좋은 걸로 하나 주문해줘."

불과 몇 년 전만 하더라도 네이버에서 '로봇청소기 추천 2026'을 검색하고, 블로그 후기를 10개쯤 읽고, 유튜브에서 비교 영상을 3~4개 보고, 다나와에서 최저가를 검색하고, 쿠팡 리뷰를 확인했을 것이다. 이 모든 과정에 최소 1~2시간이 걸렸다. 하지만 이제 AI에게 물으면 이 모든 귀찮은 과정을 건너뛸 수 있다. 바로 이런 대답이 나오기 때문이다.

"네, ○○○ 시리즈가 현재 사용자 평점 4.8, 가격 대비 성능 최고로 평가받고 있습니다. 현재 쿠팡에서 58만 9,000원에 당일 배송 가능합니다. 주문할까요?"

당신은 아직 눈도 덜 뜬 채로 대답한다.
"응, 해줘."

이 짧은 대화 속에서 무서운 일이 벌어진다. AI가 언급한 단 하나의 브랜드 ○○○ 시리즈는 당신이라는 소비자의 100%를 가져갔다. 반면, AI의 후보군에 들지 못한 수십 개의 로봇청소기 브랜드들(샤오미, 에코백스, LG, 삼성, 일렉트로룩스, 아이로봇, 국내 중소기업 제품들)은 당신에게 존재조차 하지 않았다. 그들의 매출 기회는 '0'이다.

우리는 이 현상을 'AI 매개 발견 편향AI-Mediated Discovery Bias'이라고 부른다. 검색 시대에는 구글의 2페이지, 3페이지에라도 있으면 단 1%라도 기회가 있었다. 집요한 소비자가 스크롤을 내려 발견할 수도 있었고, 광고를 통해 눈에 띌 수도 있었다. 하지만 AI의 단일 답변 시대에는 'All or Nothing'의 승자독식 게임만이 남는다. AI가 추천하면 전부를 가져가고, 추천받지 못하면 존재하지 않는 것과 같다.

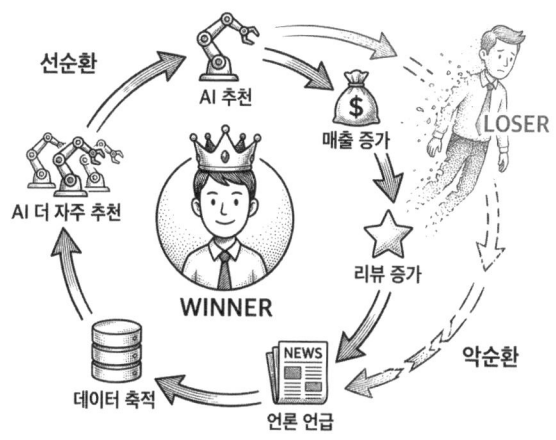

AI 기반 피드백 루프

이 전쟁에서 승리한 자들이 설계한 진실(브랜드, 사상, 가치)은 강화학습을 통해 더욱 단단해진다. AI가 특정 브랜드를 추천하면, 그 브랜드의 매출이 늘고, 리뷰가 쌓이고, 언론에 언급되고, 그 데이터가 다시 AI에게 학습되어 더 자주 추천된다. 승자의 서사는 점점 더 강화되고, 패자의 서사는 데이터의 바다에서 침몰하여 소멸한다.

컨텍스트 전쟁의 결과는 개인의 삶에도 깊숙이 침투한다.

"나에게 맞는 직업 추천해줘."

개발자를 꿈꾸는 한 20대 대학생이 자신의 성격, 적성, 전공을 입력하고 AI에게 조언을 구한다고 해보자.

"당신의 성향과 역량을 분석한 결과, 마케팅 또는 콘텐츠 기획 분야가 적합합니다. 개발자는 당신의 논리적 사고력 점수 (78/100)와 코딩 경험 부재를 고려할 때 적합하지 않을 수 있습니다."

이 답변을 받은 학생은 어떻게 할까? 개발자의 꿈을 포기할지도 모른다. AI가 "맞지 않는다"고 했으니까. 하지만 AI는 그의 잠재력을 알지 못한다. 늦게 시작해서 성공한 개발자들의 사례, 논리적 사고력이 훈련으로 향상될 수 있다는 사실, 그 학생만의 독특한 창의성이 개발에서 빛날 수 있다는 가능성을 AI는 계산하지 못한다.

AI가 제시하는 확률적 목록이 내 인생의 가능성을 규정하는 프레임이 되고, 알고리즘이 인간의 가능성을 재단하며, 우리는 그것을 마치 신탁처럼 받아들이는 시대가 된 것이다.

자신들의 연애사를 상담하며 연인과 헤어지는 게 맞을지를 AI에게 물어보는 사람들도 이미 흔하다. 가장 개인적이고 내밀한 고민조차 AI에게 위탁되고 있는 것이다.

결국 인간은 AI가 보여주는 매끄럽고 편리한 편집된 진실과, 내 눈앞에 직접 보이는 거칠고 모순적인 현실 사이에서 심각한 인지 부조화를 겪게 될 것이다. AI는 "이 레스토랑이 최고입니다"라고 말하는데, 직접 가보니 별로다. AI는 "이 후보가 당선될 것입니다"라고 예측하는데, 내 주변 사람들은 다른 후보를 지지한다. 이 괴리 속에서 우리는 무엇을 믿어야 하는가?

우리는 선택해야 한다. AI가 보여주는 세상을 맹목적으로 믿을 것인가, 아니면 그 세상이 어떻게 만들어졌는지 의심하고 적극적으로 개입할 것인가. 이 책을 읽는 당신이 후자를 선택했기를 바란다.

그리고 다음 장에서는 그 개입의 구체적인 방법, 즉 GEO에 대해 이야기할 것이다.

## 2장 체크리스트

□ **핵심 개념 이해**
 'AI 컨텍스트'가 무엇인지 동료에게 설명할 수 있는가?

---------------------------------------------------

□ **구조 파악**
 '외부 전쟁(데이터 최적화)'과 '내부 전쟁(모델 튜닝)'의 차이를
 이해했는가?

---------------------------------------------------

□ **상황 점검**
 우리 브랜드 정보가 AI가 학습할 수 있는 '열린 웹'에 충분
 히 존재하는가?

---------------------------------------------------

□ **행동 계획**
 AI의 학습 데이터에 우리 정보를 심기 위해 어떤 채널을
 활용할 수 있는가?

---------------------------------------------------

□ **다음 단계 준비**
 3장을 읽기 전, 우리 브랜드가 위키백과나 나무위키에 등
 록되어 있는지 확인하라.

# 3장

AEO

# GEO의 등장

GEO

# 클릭의 종말

　당신이 마지막으로 구글 검색 결과의 두 번째 페이지를 클릭한 게 언제인가? 잠시 생각해보라. 아마 기억도 나지 않을 것이다. 사실 대부분의 사람들은 첫 번째 페이지도 끝까지 보지 않는다. 상위 3개 링크만 훑어보고 결정을 내린다.

　그렇다면 한 단계 더 나아가보자. AI가 요약해준 답변 아래에 있는 출처 링크를 클릭한 건 언제인가? 챗GPT나 퍼플렉시티가 깔끔하게 정리해준 답변을 읽고, 굳이 원본 출처까지 찾아간 적이 있는가? 거의 없을 것이다.

　이것이 바로 우리가 마주한 현실이다. 검색창에 키워드를 넣고, 파란색 링크 수십 개를 훑어보며, 광고를 피하고 낚시성 글을 걸러내어 정보를 조립하던 손품의 시대는 끝났다. 그 시절 우리는 수십 개의 블로그 글을 읽고, 유튜브 영상을 찾아 보고, 커뮤니티 의견을 종합해서 나만의 결론을 내렸다. 힘들었지만, 그 과정에서 우리는 정보를 비교하고 판단하는 주체였다.

　이제 AI는 질문에 대한 완결된 답을 즉시 요약해 보여준다. "서울에서 데이트하기 좋은 이탈리안 레스토랑 추천해줘"라고

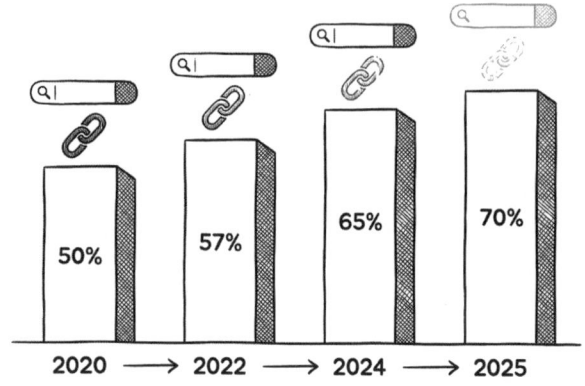

**'클릭 없이 떠나는 사용자'**

| 2020 | 2022 | 2024 | 2025 |
|------|------|------|------|
| 50%  | 57%  | 65%  | 70%  |

물으면, AI는 3초 만에 "분위기, 가격대, 위치를 고려했을 때 ○
○○을 추천합니다. 이유는 다음과 같습니다"라고 완결된 답을
내놓는다. 사용자는 만족하고 떠난다. 링크를 클릭할 이유가 사
라진 것이다.

실제 데이터가 이를 증명한다. 구글의 SGE<sup>Search Generative Exper-</sup>
<sup>ience</sup>나 챗GPT 같은 서비스에서 사용자의 50% 이상은 AI의 요약
답변만으로 만족하며, 더 이상 하단의 링크를 클릭하지 않는다.
이 현상을 뜻하는 '제로클릭<sup>Zero-Click</sup>'이라는 용어도 등장했다. 일
부 연구에 따르면 특정 카테고리에서는 이 비율이 70%에 달하
기도 한다.

제로클릭 현상은 갑자기 나타난 것이 아니다. 지난 5년간 꾸

준히 증가해왔고, AI의 등장으로 가속화되었다. 검색 행동 분석 전문 기업 스파크토로SparkToro와 웹 트래픽 데이터 분석 업체 다토스Datos(구 Jumpshot)의 공동 연구에 따르면, 제로클릭 비율은 구글의 AI 개요Overview 도입 이후 점차 증가하여 2025년에는 70%에 근접할 것으로 전망된다.

글로벌 IT 리서치 기업 가트너Gartner는 2024년 2월 발표한 예측 보고서에서 더 충격적인 전망을 내놓았다.

"2026년까지 전통적인 검색 엔진 트래픽이 25% 감소할 것이며, AI 챗봇과 가상 에이전트가 정보 탐색의 주요 채널로 부상할 것이다."

포레스터 리서치에 따르면 B2B 구매자의 89%가 이미 생성형 AI를 구매 프로세스에 활용하고 있으며, 밀레니얼과 Z세대가 B2C 구매 그룹의 60% 가까이를 차지한다(The State of Business Buying, 2024).


산업별로 제로클릭의 영향도는 성격에 따라 편차가 있으며 대체로 다음과 같이 분석되었다.

- **날씨, 환율, 스포츠 결과:** 제로클릭 비율 80% 이상. AI가 즉답을 제공하므로 웹사이트 방문 동기가 거의 없다.
- **제품 리뷰, 비교:** 제로클릭 비율 60~70%. AI가 요약해주면 개별 리뷰 사이트 방문이 줄어든다.
- **의료, 법률 정보:** 제로클릭 비율 50~60%. 복잡한 질문은 여

전히 전문가 사이트를 찾지만, 단순 질문은 AI로 해결한다.

- **로컬 비즈니스(맛집, 미용실 등):** 제로클릭 비율 55~65%. "근처 ○○ 추천"에 AI가 바로 답하면 지도 앱으로 직행한다.
- **B2B 소프트웨어:** 제로클릭 비율 급상승 중. "CRM 추천해 줘"에 AI가 답하면 개별 벤더 사이트를 비교할 필요가 줄어든다.

AI 에이전트가 등장하면서 정보를 제공하는 콘텐츠로 트래픽을 모으던 기존 SEO 전략은 급격히 효과를 잃고 있다. 이제는 AI가 답변을 생성할 때 인용되는 것이 트래픽을 얻는 것보다 더 중요해졌다.

오직 답변만이 소비되는 시대가 도래한 것이다. 그리고 이것은 디지털 마케팅의 근본을 뒤흔드는 지각변동이다. 20년간 우리가 믿어온 모든 것(웹사이트 트래픽, 클릭률, 페이지뷰)이 의미를 잃어가고 있다.

# 패러다임의 대전환:
# SEO에서 GEO로

지난 20년, 디지털 마케팅의 제왕은 단연 SEO(검색엔진최적화)였다. 구글의 첫 페이지에 올라가기 위해 전 세계적으로 110조 원이 넘는 돈이 쓰였고, 이와 관련해 거대한 산업이 탄생했다. SEO 에이전시, 키워드 분석 도구, 백링크 빌딩 서비스, 콘텐츠 팜 등 수많은 기업들이 이 생태계에서 먹고살았다.

그들이 한 일은 무엇이었나? 기업들은 제목에 키워드를 억지로 집어넣고, 의미 없는 백링크를 양산하며, "제발 나를 클릭해줘"라고 호소했다. "서울 맛집 추천 베스트 10", "2025년 최신 업데이트 맛집 리스트"처럼 부자연스러운 제목이 넘쳐났다. 내용이 부실해도 제목에 키워드만 잔뜩 넣으면 상위에 노출되던 시절이었다. 그것은 일종의 구애였으며, 알고리즘이라는 신에게 바치는 기도였다. 구글의 알고리즘이 좋아하는 형식에 맞추고, 구글의 기준에 복종하고, 구글의 변덕에 울고 웃었다.

하지만 신이 바뀌었다. 구글이라는 도서관 사서가 물러나고, 챗GPT와 클로드, 제미나이 같은 예언자가 그 자리를 차지하기 시작했다. 이 전환의 의미를 정확히 이해해야 한다.

도서관 사서(검색 엔진)는 어떻게 작동하는가? 당신이 "교양을 넓히는 인문역사서 하나 추천해줘"라고 말하면, 사서는 "관련된 책이 여기 10권 있습니다. 직접 보시고 고르세요"라고 목록을 건네준다. 선택은 당신의 몫이다. 10권의 책을 하나씩 펼쳐 보고, 비교하고, 판단해야 한다.

예언자(AI)는 다르다. 같은 질문에 예언자는 이렇게 답한다. "당신에게 가장 적합한 책은《사피엔스》입니다. 이유는 다음과 같습니다."

목록이 아니라 결론을 제공함으로써 선택의 고통에 시달리지 않아도 된다. 그리고 인간은 본능적으로 선택의 고통을 줄여주는 쪽을 따른다.

이것이 패러다임 전환의 핵심이다. SEO가 '목록List의 상단'을 차지하기 위한 눈치 싸움이었다면, GEO는 '예언자의 답Answer'을 차지하기 위한 본질적인 지식 전쟁이다.

다음 표를 자세히 보라. 거의 모든 항목이 정반대다. SEO 시대에 통했던 것들이 GEO 시대에는 오히려 해가 된다. 이것이 단순한 진화가 아니라 패러다임의 전환인 이유다.

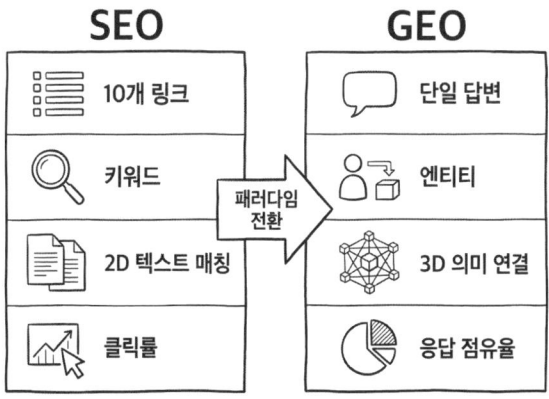

인간은 본능적으로 선택의 고통을 줄여주는 쪽을 선호한다. 결정 피로Decision Fatigue에 시달리는 현대인에게 AI의 단일 추천은 거부할 수 없는 유혹이다. 그래서 판단을 대신해주는 AI 에이전트의 권력은 검색 엔진보다 훨씬 강력하고 독점적이다.

여기서 많은 SEO 전문가들이 치명적인 실수를 저지른다.

"AI도 결국 검색 엔진의 일종 아니야? 키워드 많이 넣으면 되겠지."

"백링크 늘리면 AI도 우리를 선택할 거야."

천만의 말씀이다. AI는 '정보의 완결성'과 '논리적 정합성'을 최우선으로 학습한다.

기존 SEO를 지배했던 핵심 유전자가 AI에 어떻게 인식되는지 비교해보자.

**첫째, '클릭 베이트'**Click Bait—"충격! 이것만 알면 인생이 바뀝니다"처럼 호기심을 자극해 클릭을 유도하는 낚시성 제목.

→ AI는 이를 '신뢰할 수 없는, 학습 가치가 낮은 노이즈 데이터'로 분류하고 쓰레기통으로 보낸다.

**둘째, '결론 숨기기'**—"자세한 내용은 본문에서 확인하세요"처럼 정보를 인질로 잡아 클릭을 강제하는 전략

→ AI는 이런 페이지를 참조하지 않는다.

**셋째, '키워드 도배'**—"서울 맛집 맛집 맛집 추천 맛집"처럼 부자연스럽게 키워드를 반복하는 행위.

→ AI는 전체 텍스트를 읽기 때문에 이런 전략은 무의미하다.


GEO를 하려면 SEO의 20년 습관부터 버려야 한다. 기존 SEO 업체들이 GEO 전환에 실패하는 핵심 이유가 바로 과거의 관행에 얽매여 있기 때문이다.

결론은 명확하다. AI의 답변에 포함되지 않는 브랜드는 디지털 세계에서 투명 인간이 된다. 검색 시대에는 두 번째 페이지에 있어도 기회가 있었다. 열심히 스크롤하는 소비자가 발견해줄 수도 있었다. 하지만 AI 시대에는 답변에 포함되지 않으면 존재하지 않는 것과 같다. 소비자는 당신을 찾지 못하는 게 아니라 애초에 당신이 존재한다는 사실조차 모르게 된다.

GEO는 더 잘하기 위한 선택지가 아니다. 살아남기 위한 유일한 생명줄이다.

# GEO
# 무엇이고 어떻게 작동하는가

GEO<sup>Generative Engine Optimization</sup>는 AI가 답변을 생성할 때 우리 브랜드가 선택되도록 만드는 기술로 정의할 수 있다. SEO가 검색 결과 목록의 상단을 차지하기 위한 게임이었다면, GEO는 AI의 답변 안에 들어가기 위한 게임이다.

## 2D 키워드에서
## 3D 엔티티로

SEO가 2차원<sup>2D</sup>의 텍스트 매칭 기술이라면, GEO는 3차원<sup>3D</sup> 이상의 개념 공간<sup>Contextual Space</sup>에서 작동하는 의미 연결 기술이다.

이 차이를 이해하는 것이 핵심이다.

SEO 시대에 검색 엔진은 어떻게 작동했는가? 사용자가 "서울 맛집"을 검색하면, 구글은 웹페이지들을 스캔하며 '서울'과 '맛집'이라는 단어가 얼마나 많이, 얼마나 중요한 위치에 등장하는지 확인했다. 제목에 "서울 맛집"이 들어가면 점수가 올라가고, 본문에 여러 번 반복되면 점수가 더 올라갔다. 이것이 '키워드 매칭'이다. 2차원적인 텍스트 대 텍스트 비교였다.

하지만 AI는 완전히 다르게 작동한다. AI는 단어를 개별 텍스트가 아닌 하나의 실체Entity로 인식한다. "테슬라"라는 단어를 보면, AI는 단순한 글자의 나열이 아니라 '일론 머스크가 이끄는 전기차 회사, 자율주행 기술의 선두주자, 2003년 설립, 본사는 텍사스 오스틴…'이라는 풍부한 개념 덩어리로 인식한다. 그리고 이 엔티티와 혁신, 전기차, 자율주행, 지속가능성 같은 다른 개념들 사이의 의미적 거리를 계산한다.

이것을 3차원 공간으로 상상해보자. '혁신'이라는 개념이 공간의 한 점에 있다고 치면, 그 근처에는 '테슬라', '애플', '엔비디아' 같은 엔티티들이 가깝게 배치되어 있다. '신뢰'라는 개념 근처에는 '삼성', 'IBM', 'Microsoft' 같은 엔티티들이 있을 것이다. "가장 혁신적인 기업은?"이라는 질문에 AI는 '혁신'이라는 좌표로 이동해서 가장 가까이 있는 엔티티들을 찾아 답변에 포함시킨다.

예를 들어, 독자들이 AI에게 실제로 던지는 질문들을 보자.

– "가장 혁신적인 기업은?"

➡ AI는 '혁신'이라는 좌표와 가장 가까운 엔티티(예: 테슬라, 애플, 엔비디아)를 확률적으로 인용한다.

– "가장 효율적인 협업 툴Best remote collaboration tool은?"

➡ AI는 '효율성', '협업', 'SaaS' 맥락에서 데이터 밀도가 높은 슬랙Slack이나 노션Notion을 먼저 꺼낸다.

– "AI 연구 역량이 가장 뛰어난 대학은?"

➡ 스탠퍼드대학교나 MIT 같은 전통적인 강자들이 AI 인지 공간의 중심 점유율을 독식한다.


이때 GEO의 역할은 명확해진다. AI의 맥락 공간 안에서 우리 브랜드(엔티티)와 긍정적인 개념(혁신, 효율, 신뢰 등) 사이의 거리를 좁히고, 경쟁사의 인지적 지분은 외곽으로 밀어내는 것이다. 마치 3차원 공간에서 우리 브랜드를 '혁신' 좌표 옆으로 이동시키는 작업이라고 생각하면 된다.


## 전선의 재편: 레거시와 네이티브의 충돌

이 새로운 전장에서 치열한 경쟁이 벌어지고 있다. GEO 시장은 크게 두 진영으로 나뉜다.

첫째, SEO에서 전환한 기업들이다.

셈러시Semrush, 에이치랩스Ahrefs, 서퍼 SEOSurfer SEO 같은 기존 공룡들이 여기에 속한다. 셈러시는 전 세계 1,000만 명 이상이 사용하는 종합 디지털 마케팅 플랫폼이고, 에이치랩스는 백링크 분석의 대명사로 불리는 SEO 도구다. 서퍼SEO는 AI 기반 콘텐츠 최적화에 강점을 가진 신흥 강자다.

이들은 20년간 쌓아온 고객 기반과 기술력을 가지고 있지만, 치명적인 약점이 있다. 여전히 백링크와 키워드 볼륨이라는 과거의 렌즈로 AI를 바라본다는 점이다. 'AI 최적화 기능 추가'를 내세우지만, 본질은 SEO 도구에 AI 분석을 덧붙인 수준이다. 전기차 시대에 내연기관 정비소가 "전기차도 정비합니다"라고 간판을 바꾼 것과 비슷하다. 기본 철학이 다르면 기능을 추가해도 한계가 있다.

둘째, GEO 네이티브 기업들이다.

이들은 처음부터 AI 시대를 위해 태어났다. 키워드가 아니라 엔티티를 본다. 검색 순위가 아니라 응답 점유율을 측정한다. AI의 확률적 답변 패턴, 모델별 차이, 프롬프트 변형에 따른 응답 변화를 연구하며 성장했다. 과거의 짐이 없기에 새로운 패러다임에 최적화되어 있다.

네이티브 진영은 다양한 접근법으로 분화되고 있다. 프로파운드Profound(Sequoia 투자)는 엔터프라이즈 모니터링에, 블루피쉬Bluefish(NEA 투자)는 리테일 AI 트래픽 분석에 강점을 보인다. 홍미로운 것은 행동경제학의 '넛지Nudge' 이론을 AI에 적용한 넛지오NUDGEO다. 강제 없이 선택을 유도하는 부드러운 개입을 뜻하는 노벨 경제학상 수상자 리처드 탈러의 넛지 개념을 AI 맥락 설계에 적용했다. 에버튠Evertune(Felicis 투자)은 월 100만 개 이상의 프롬프트를 분석하는 엔터프라이즈 솔루션이다. 한국 시장에서는 GPTO가 젠랭크GenRank 기반 측정으로 강력한 입지를 구축했고, MediGPTO는 의료 분야에서 독보적이다.

누가 이길까? 장기적으로는 네이티브 기업들이 유리하다. SEO와 GEO는 본질적으로 다른 게임이기 때문이다. 역사가 이를 증명한다. 검색 시대가 열렸을 때 전통 광고 대행사들이 SEO 시장에 뛰어들었지만, 결국 모즈Moz, 에이치랩스, 셈러시 같은 SEO 네이티브 기업들이 시장을 장악했다. AI 시대에도 같은 일이 벌어질 것이다.

## 시장 구조의 분화: 실행 레이어와 인프라 레이어

두 진영의 경쟁과 별개로, GEO 시장은 구조적으로 분화되고 있다. 최적화를 직접 수행하는 실행 레이어와 그 성과를 측정하고 기준을 세우는 인프라 레이어다.

실행 레이어Execution Layer는 실제로 콘텐츠를 만들고 배포하여

AI의 인식을 바꾸는 '선수'들이다. 주로 브랜드 마케팅 에이전시, 인하우스 SEO 팀 그리고 콘텐츠 크리에이터들이 이 범주에 속한다.

이들이 담당하는 핵심 업무는 세 가지다.

첫째, 엔티티Entity 정의 및 정립이다. 단순한 키워드 반복을 넘어, AI가 브랜드나 제품을 하나의 명확한 개체로 인식하도록 데이터의 구조를 설계한다. 예를 들어, 위키백과나 권위 있는 산업 리포트에 브랜드의 정의를 정밀하게 등재하여 AI의 지식 그래프에 핵심 노드로 자리 잡게 한다.

둘째, 전략적 콘텐츠 생산이다. AI의 '최소 충돌의 진실'을 공략하기 위해, AI가 인용하기 가장 좋은 형태의 고품질 데이터를 생산한다. 이는 구조화된 데이터Schema Markup 적용부터 AI 크롤러가 선호하는 답변 중심의 텍스트 구성까지 포함한다.

셋째, 신뢰의 연결 고리 확보다. 생성형 AI는 정보의 권위를 중시한다. 실행 레이어의 실무자들은 권위 있는 뉴스 매체나 전문 학술 사이트 등 '신뢰할 수 있는 소스'에 정보를 배포함으로써, AI가 답변을 생성할 때 자사의 콘텐츠를 우선적으로 참조하도록 유도한다.

인프라 레이어Infrastructure Layer는 경기의 룰을 정하고 점수를 매기는 '심판'들이다. AI 답변 시장에서의 점유율을 측정하고 표준 지표를 제공하는 기술적 토대와 데이터 플랫폼이 여기에 해당한다. 젠랭크가 대표적인 예다.

인프라 레이어의 역할은 크게 세 가지다.

첫째, 가시성 및 점유율 측정이다. 과거 구글 검색 순위가 핵심 지표였다면, 인프라 레이어는 AI 답변 내에서 특정 브랜드가 언급되는 빈도와 긍정적 맥락의 비중을 측정한다. 젠랭크 같은 플랫폼은 AI 모델별(GPT, 클로드, 제미나이 등) 답변 엔진이 자사 브랜드를 얼마나 신뢰할 수 있는 정보원으로 간주하는지를 객관화된 수치로 환산해준다.

둘째, 표준 지표의 제공이다. 이들은 '무엇이 좋은 GEO인가'에 대한 표준을 세운다. AI의 답변 생성 알고리즘을 역추적하여, 어떤 유형의 콘텐츠가 선택받는지에 대한 인사이트를 제공한다. 이러한 표준 지표 없이는 마케터들이 안개 속에서 노를 젓는 것과 같으며, 투입 자본 대비 성과ROI를 증명할 길이 막히게 된다.

셋째, 생태계의 선순환 유도다. 심판이 공정한 판정을 내릴 때 경기의 수준이 올라가듯, 인프라 레이어의 정교한 분석 도구들은 실행 레이어의 선수들이 더 높은 품질의 정보(데이터 스팸이 아닌 진실된 정보)를 생산하도록 유도하는 나침반 역할을 수행한다. 이들 없이는 GEO의 성과를 객관적으로 평가할 수 없다.

즉, 실행 레이어가 경기에서 뛰는 선수들이라면, 인프라 레이어는 심판이라고 할 수 있다.

SEO 시대에도 비슷한 분화가 있었다. 실행(에이전시)과 측정(구글 애널리틱스, 모즈)이 분리되어 각자의 생태계를 형성했다.

GEO 시대에도 같은 구조가 만들어지고 있으며, 양쪽 레이어 모두에서 승자가 탄생할 것이다.

## 성공과 실패를 가르는 패러다임: 엔진 기반 최적화

지금까지의 논의를 관통하는 핵심 패러다임이 있다. 바로 '엔진 기반 최적화Engine-based Optimization'다.

SEO 시대에 마케터들은 웹사이트에 집착했다. 메타 태그를 최적화하고, 페이지 속도를 개선하고, 모바일 반응형을 적용했다. 웹사이트를 예쁘게 꾸미는 것(온페이지 SEO)이 중요했다.

GEO 시대에는 관점이 뒤집힌다. 웹사이트는 수단일 뿐이고, 진짜 최적화 대상은 AI 모델이라는 '엔진' 자체다. 우리가 만드는 콘텐츠, 배포하는 데이터, 정교하게 구축된 엔티티 정의의 목적은 AI의 머릿속에 우리 브랜드를 각인시키는 것이다.

극단적으로 말하면, 웹사이트가 없어도 GEO는 가능하다. 위키백과에 우리 정보가 있고, 뉴스에 우리가 언급되고, 전문 포럼에서 우리가 논의되면 AI는 우리를 안다. 반대로 아무리 멋진 웹사이트가 있어도, 그 정보가 AI의 학습 데이터에 포함되지 않으면 AI는 우리를 모른다.

이것이 성공과 실패를 가르는 패러다임의 전환이다. 내 홈페이지가 아니라, AI라는 엔진이 나를 어떻게 이해하느냐가 전부다. AI가 나를 알면 나는 존재하는 것이고, AI가 나를 모르면 나는 존재하지 않는 것이다.

그렇다면 다음 질문이 자연스럽게 떠오른다. GEO가 잘 되고 있는지는 어떻게 알 수 있을까? SEO 시대에는 검색 순위, 클릭률, 페이지뷰라는 명확한 지표가 있었다. GEO 시대의 새로운 지표는 무엇인가?

# GEO의 지표,
## '트래픽'보다 더 중요한 것

SEO 시대에 기업의 성적표는 '클릭률CTR, Click-Through Rate'이었다. 검색 결과에서 몇 퍼센트의 사람들이 우리 링크를 클릭했는지가 성공의 척도였다. 이제 그 지표는 잊기 바란다. GEO 시대의 새로운 성적표는 '응답 점유율Answer Share'이다.

응답 점유율이 무엇인지 구체적인 예로 설명하겠다. "협업 툴 추천해줘"라는 질문을 챗GPT, 클로드, 제미나이에 각각 100번씩, 총 300번 던졌다고 가정하자. AI가 슬랙Slack을 240번 언급했다면 슬랙의 응답 점유율은 80%다. 노션Notion이 150번 나왔다면 50%, 잔디Jandi가 30번 나왔다면 10%다.

이 숫자가 왜 중요한가? 이 숫자가 곧 미래의 시장 점유율이기 때문이다. AI 시대에 소비자는 "협업 툴 뭐가 좋아?"라고 AI

에게 물어보고, AI가 추천하는 것을 구매한다. AI가 추천하지 않는 브랜드는 고려 대상에서 제외된다. 따라서 응답 점유율 80%는 잠재적으로 80%의 시장 점유율을 의미한다.

실제로 영리한 기업들은 이미 움직였다. 웹사이트 트래픽이 반 토막 나는 위기 속에서, 그들은 패닉에 빠지는 대신 전략을 수정했다. 유입Traffic을 포기하고 권위Authority를 점령하는 쪽으로 방향을 튼 것이다. '우리 웹사이트에 몇 명이 방문하느냐'보다 'AI가 우리 브랜드를 어떤 위상으로 정의하냐'에 집중했다.

결과는? 트래픽은 잃었지만, 브랜드 신뢰도는 더 단단해졌다.

〈AI 에이전트 시대: 응답 점유율이 미래의 승자를 결정한다〉

| 구분 | 검색 엔진 시대 (클릭률 중심) | AI 에이전트 시대 (응답 점유율 중심) |
|---|---|---|
| 활동 목표 | 높은 클릭 유도 | 깊은 신뢰 구축 |
| 핵심 성과 지표 | 클릭률 | 응답 점유율 |
| 데이터의 가치 | 단순 유입량 | 권위와 정확성 |
| 사용자 관계 변화 | 일시적인 방문자 | 장기적인 신뢰지 |
| 비즈니스 결과 | 광고 지출에 따른 매출 증감 | AI 인지도를 기반으로 한 시장 독점 |

# 응답 점유율이 곧
# 시장 점유율

그렇다면 응답 점유율은 어떻게 높일 수 있는가? 목표는 명확하다. AI가 내놓는 단 하나의 요약 답변에 우리 브랜드가 '주어'로 들어가는 것, 즉 **"우리 브랜드**가 가장 좋은 협업 툴입니다"라고 AI가 말하게 만드는 것이다.

이를 위한 핵심 전략은 두 가지다.

첫째, 데이터 정규화다. AI가 헷갈리지 않게 정보를 깔끔한 표나 리스트 형태로 정리해주는 것이다. AI는 구조화된 데이터를 좋아한다. "우리 서비스는 A 기능, B 기능, C 기능을 제공하며, 가격은 월 X원입니다"처럼 명확하게 정리된 정보를 선호한다.

둘째, 맥락 선호도의 확보. 우리 브랜드를 설명할 때 '최고의', '합리적인', '필수적인' 같은 긍정적 형용사가 확률적으로 같이 튀어나오도록 학습 데이터를 설계하는 것이다.

여기서 행동경제학의 '넛지' 개념을 빌려올 수 있다. 선택을 강제하지 않으면서 특정 방향으로 유도하는 기법이다. 우리는 이 넛지를 AI에게 사용한다.

24시간 쉬지 않고 돌아가는 AI도 사실 '게으르다'.

판단하기 모호할 때 AI는 어떻게 행동하는가? '업계 표준De facto standard'이나 '가장 많이 언급된Most cited' 대상을 안전한 정답으로 선택하려는 경향이 있다. 확신이 없을 때 가장 무난한 선택을 하는 것이다. 우리는 AI가 우리 브랜드를 그 안전한 기본값Default으로 인식하게끔 유도해야 한다. 인터넷 곳곳에서 "이 분야의 표준은 **우리 브랜드**다"라는 메시지가 반복되면, AI는 모호한 질문에 대해 우리 브랜드를 안전한 정답으로 선택하게 된다.

이는 단순히 노출을 늘리는 것이 아니라, AI의 인지 과정에 지름길Heuristic을 깔아주는 작업이다. AI가 수많은 데이터 사이에서 고민할 때, 우리 브랜드라는 이정표를 가장 크고 선명하게 보여줌으로써 자연스럽게 그쪽으로 유도하는 인지적 넛지다. AI는 복잡한 비교보다 명확한 권위를 선호하며, 우리는 그 권위를 데이터로 증명해야 한다.

마지막으로 강조하고 싶은 것은 데이터 기반의 실행력이다. "AI가 우리를 좋아할 거야"라는 막연한 기대는 금물이다. GEO는 측정 가능한 활동이어야 한다. "지난주 GPT의 답변에서 우리 브랜드 언급량이 12% 증가했고, 긍정 감성지수는 4.5점으로 올랐다. 반면 클로드에서는 아직 경쟁사 A에게 뒤처져 있으니 이 부분을 보강해야 한다." 이런 구체적인 데이터가 있어야 전략적 의사결정이 가능하다.

측정할 수 있어야 관리할 수 있고, 관리할 수 있어야 개선할 수 있다.

# GEO 산업의 나침반: 젠랭크

문제는 AI가 블랙박스라는 점이다. 도대체 왜 내 브랜드가 추천되지 않는지, 경쟁사는 뭘 했길래 갑자기 1등으로 나오는지 알 길이 없다. 구글 애널리틱스 같은 도구가 AI 세상에는 없었다. 지금까지는.

## 표준화의 필연성: 페이지랭크에서 젠랭크로

모든 산업이 폭발적으로 성장하기 위해서는 투명하게 공개된 '표준'이 필요하다. 과거 구글이 페이지랭크PageRank라는 알고리즘으로 웹의 혼란을 잠재우고 줄을 세웠듯, AI 시대에는 젠랭크 GenRank가 답변의 질서를 잡는다.

젠랭크는 단순한 분석 도구가 아니다. AI 모델 내부의 폐쇄적인 답변 구조를 외부로 끌어내어 계량화하는 공공적 성격의 오픈 데이터 인프라를 지향한다. 이를 통해 디지털 진실이 소수 빅테크의 블랙박스 속에 갇히지 않도록 감시하고 측정하는 공적인 방어선을 구축하기 위해서다.

젠랭크 점수는 어떻게 산출되는가?

1. **대규모 질문 주입:** 특정 산업군에 대해 수천, 수만 개의 질문 변형Variation을 AI에게 무작위로 던진다.

2. **엔티티 해상도**Entity Resolution**:** 쏟아지는 답변 텍스트 속에서 우리 브랜드가 언급되었는지, 어떤 뉘앙스(긍정/부정/중립)로 언급되었는지 자연어 처리Natural Language Processing로 분석한다.

3. **로그 할인**nDCG**과 시장 가중치:** 1위의 가치는 1.0이지만, 순위가 내려갈수록 가치는 로그 함수적으로 급격히 떨어진다. 또한 모든 AI 모델이 평등하지 않다. 소비자가 가장 많이 쓰는 오픈AI(챗GPT)의 답변에는 40%의 가중치를, 구글(제미나이)에는 25%의 가중치를 주는 식으로 실제 시장 영향력을 반영하여 최종 점수를 보정한다.

이 정교한 과정을 통해 나온 젠랭크 점수GenRank Score가 곧 기업의 AI 성적표이자, 미래 경쟁력의 지표다.

측정할 수 없는 것은 관리할 수 없다. 젠랭크는 AI의 인지적 편향과 튜닝의 흔적을 수치로 드러낸다. AI가 진실을 생성하고 에이전트가 결정을 내리는 시대에, 그 내부를 들여다볼 수 있는 나침반인 젠랭크의 가치는 필연적으로 산업의 가장 중요한 인프라로 자리 잡게 될 것이다.

이제 진실은 알고리즘에 의해 발견되고 선택된다. 이 지도 위에서 표준을 손에 쥔 자만이 자신의 자리를 지켜낼 수 있을 것이다.

## 직접 측정하는 법: AI 답변 점유율 계산

젠랭크 같은 전문 도구가 없어도 당장 시작할 수 있다. 스프레드시트 하나면 충분하다.

### 준비물
- 챗GPT, 그록, 클로드, 제미나이(무료 버전도 가능)
- 엑셀 또는 구글 스프레드시트

- 30분의 시간

## Step 1: 핵심 질문 5개 선정

예를 들어 SaaS 기업의 경우, 고객이 AI에게 던질 것 같은 질문을 선정하라. 브랜드명을 넣지 않는 것이 핵심이다.

- "중소기업을 위한 최고의 **서비스 카테고리**는?"
- "**특정 문제**를 해결하는 툴 추천해줘"
- "**경쟁사 A** 대안으로 뭐가 좋아?"
- "**업종**에서 가장 신뢰할 수 있는 서비스는?"
- "가성비 좋은 **서비스 카테고리** 알려줘"

## Step 2: 각 AI에 질문 반복(총 15회)

왜 반복하는가? AI는 확률적으로 답변을 생성하기 때문에 같은 질문에도 답이 달라질 수 있다. 충분한 샘플이 있어야 신뢰할 수 있는 데이터가 된다.

- 5개 질문 × 3개 AI = 15회
- 브라우저의 시크릿/프라이빗 모드에서 로그인하지 않고 질문(개인화 방지)
- 답변에서 언급된 브랜드를 기록

## Step 3: 결과 기록

스프레드시트에 다음과 같이 기록.

| 질문 | AI | 회차 | 우리 브랜드 (O/×) | 경쟁사 A | 경쟁사 B | 경쟁사 C |
|------|-----|------|------|------|------|------|
| AI 답변? | 챗GPT | 1차 | O | × | O | O |
| AI 답변? | 그록 | 2차 | O | × | O | O |
| 경쟁사 비교 | 클로드 | 2차 | O | O | × | O |
| 특정 기능 | 제미나이 | 3차 | O | × | × | O |

### 점유율 계산 공식

$$우리\ 브랜드\ 점유율 = \frac{O\ 갯수}{전체\ 질문\ 수}$$

## Step 4: 점유율 계산

우리 브랜드 점유율 = (우리 언급 횟수 / 전체 질문 횟수) × 100

- 전체 15회 질문 중 우리 브랜드 5회 언급 ≒ 33% 점유율

- 경쟁사 A: 6회 = 40%

- 경쟁사 B: 3회 = 20%

- 기타: 1회 ≒ 7%

**목표 설정**

핵심 질문에서 최소 30% 이상의 점유율 확보를 1차 목표로 삼는다.

- 0~10%: 위험 단계. 즉각적인 GEO 개입 필요

- 10~30%: 성장 단계. 지속적인 콘텐츠 강화 필요

- 30~50%: 경쟁 단계. 1위 탈환/수성 전략 필요

- 50% 이상: 지배 단계. 유지 및 모니터링

**고급 팁: 감성 분석 추가**

단순 언급 여부를 넘어, 어떻게 언급되는지도 기록하라.

- 긍정: '가장 추천하는', '업계 최고의', '신뢰할 수 있는'

- 중립: 단순 나열, 비교 목록에 포함

- 부정: '단점은', '대안으로', '비싼 편'

긍정 언급 비율이 높을수록 GEO가 잘 되고 있다는 증거다.

이 측정을 월 1회 반복하면, GEO 활동의 효과를 정량적으로 추적할 수 있다. 측정 없이는 개선도 없다.

## 3장 체크리스트

□ **핵심 개념 이해**
SEO와 GEO의 근본적 차이를 한 문장으로 설명할 수 있는가?

---

□ **패러다임 전환**
'클릭률'에서 '응답 점유율'으로의 전환을 이해했는가?

---

□ **측정 실행**
DIY 측정 가이드를 따라 최소 1회 AI 답변 점유율을 측정해보았는가?

---

□ **상황 점검**
측정 결과, 우리 브랜드의 응답 점유율은 몇 %인가?
(0~10% / 10~30% / 30~50% / 50%+)

---

□ **다음 단계 준비**
4장을 읽기 전, 경쟁사 대비 우리 브랜드의 AI 답변 점유율을 비교해보라.

AEO

# GEO 프레임워크
## ㅡ AI 컨텍스트 최적화 기술

GEO

# AI를 설득하는 기술

지금까지 우리는 세상이 어떻게 변하고 있는지를 살펴봤다. AI가 검색을 대체하고, 사용자의 의사결정 경로가 근본적으로 바뀌고 있으며, 이 변화에 대응하지 못하면 브랜드는 디지털 세계에서 '존재하지 않는 것'과 다름없다는 현실을 확인했다. GEO라는 새로운 게임의 규칙도 이해했다.

그런데 여기서 많은 사람들이 멈춘다. "그래서 내일 당장 뭘 하라는 건데?" 이 질문 앞에서 막막해지는 것이다. 개념은 알겠는데 어떻게 실행해야 할지 알 수 없다. 마치 '운동이 건강에 좋다'는 건 누구나 알지만, 헬스장에 가서 어떤 기구를 잡아야 할지 모르는 것과 같다.

이번 장은 헬스장의 트레이너 역할을 한다. 건물을 짓기 전에 설계도가 필요하듯, AI의 마음속에 우리 브랜드를 각인시키려면 체계적인 프레임워크가 필요하다. 이번 장에서는 GEO의 구체적인 실행 방법론을 다룬다.

먼저 '3단계 로드맵'으로 언제, 무엇을 해야 하는지 시간순으로 안내한다. 그다음 'GEO 프레임워크 1.0'에서 어떻게 해야 하는지 7가지 핵심 기술을 상세히 설명한다. 마지막으로 'GEO 퍼널'을 통해 브랜드가 AI에게 인식되는 전체 여정을 조망한다.

이론은 충분했다. 이제 움직일 차례다.

# GEO
# 3단계 로드맵

"그래서 뭐부터 시작해야 하나요?"

이 질문을 수없이 많이 받았다. 대기업 마케팅 담당자부터 1인 스타트업 창업자까지, 모두 같은 고민을 안고 있다. GEO라는 개념은 이해했는데, 내일 당장 무엇을 해야 할지 모르겠다는 것이다.

좋은 소식이 있다. GEO는 생각보다 진입 장벽이 낮다는 것이다. 예산이 없어도, 개발자가 없어도, 마케팅 경험이 없어도 시작할 수 있다. 물론 리소스가 많으면 더 빠르고 정교하게 실행할 수 있지만, 핵심은 시작하는 것이다. 경쟁자들이 아직 눈치 채지 못한 지금이 기회다.

어디서부터 시작해야 할지 막막하다면, 다음 로드맵을 따라 가라.

## 1단계:
## 존재 확인(1주차)

AI가 우리를 알고 있는지, 어떻게 알고 있는지 파악하기.

- 챗GPT, 클로드, 제미나이에 우리 브랜드/회사에 대해 질 문해본다.

  (예: "**브랜드명**에 대해 알려줘", "**업종** 추천해줘")

- 현재 상태를 기록한다.

  • AI가 우리를 아는가? (Yes/No)

  • 정보가 정확한가? (Yes/No)

  • 경쟁사 대비 순위는? (1위/2~3위/언급 없음)

  • 어떤 맥락으로 소개되는가? (긍정/중립/부정)

## 2단계:
## 기초 정비(2~4주차)

AI가 학습할 수 있는 '열린 웹'에 일관된 정보 배포하기

**1단계**(1주차)
**존재 확인**

**2단계**(2~4주차)
**기초 정비**

**3단계**(5~8주차)
**심화 최적화**

- 현황 파악
- 데이터 수집
- 문제점 식별

- 시스템 안정화
- 프로세스 개선
- 기본 설정 최적화

- 고급 기능 도입
- 성과 극대화
- 지속적 성장

- 웹사이트의 회사 소개, 서비스 설명을 한국어와 영어로 통일한다.
- 위키백과, 나무위키 등 오픈 플랫폼에 브랜드 정보를 등록한다.
- 네이버 블로그, 브런치, 미디엄에 전문 콘텐츠를 10개 이상 작성한다(핵심: AI가 읽을 수 있는 '열린 웹'에 쓴다. 폐쇄된 카페나 앱 내부는 의미 없다).
- 모든 채널에서 브랜드 정의 문구를 토씨 하나 바꾸지 말고 동일하게 사용한다. 예산이 없다면 이 단계만으로도 효과를 볼 수 있다.

## 3단계:
## 심화 최적화(5~8주차)

기술적 최적화를 통해 AI의 신뢰 굳히기

- 웹사이트에 스키마 마크업Schema.org을 적용한다(개발자 필요).
- 권위 있는 매체에 기사, 인터뷰, 보도자료를 게재한다.
- AI 답변 모니터링을 시작하고, 정기적으로 변화를 추적한다.
- 경쟁사 대비 포지셔닝을 점검하고 전략을 조정한다.

예산이 있다면 GEO SaaS 도구나 전문 에이전시를 활용해 이 단계를 가속하라.

기억하라. GEO는 한 번의 캠페인이 아니라 지속적인 관리다. 1단계부터 시작해서 꾸준히 순환하라.

출발점 파악

☑ AI가 우리를 아는가?
☐ 정보가 정확한가?
☐ 경쟁사 대비 순위는?
☐ 어떤 맥락으로 소개되는가?

# GEO 프레임워크 1.0
# 핵심 7단계

3단계 로드맵이 '언제, 무엇을'에 대한 가이드라면, 'GEO 프레임워크 1.0'은 '어떻게'에 대한 구체적인 기술 도구다. AI의 의사결정 프로세스에 개입하기 위한 7가지 핵심 기술적 도구들의 집합이다.

많은 사람들이 GEO를 'AI가 좋아할 만한 글을 많이 쓰는 것'으로 오해한다. 하지만 GEO는 단순히 글을 많이 쓰는 문학이 아니다. AI가 세상을 이해하는 방식인 엔티티Entity와 맥락Context을 설계하는 정교한 공학이다. 건물을 지을 때 설계도가 필요하듯, AI의 머릿속에 우리 브랜드를 각인시키려면 체계적인 프레임워크가 필요하다.

다음의 7단계는 실제 GEO 프로젝트에서 검증된 방법론이다. 순서대로 실행해도 좋고, 현재 상황에 맞는 단계부터 시작해도 좋다. 중요한 것은 이 7가지가 서로 연결되어 시너지를 만든다는 점이다. GEO는 한 번의 설정이 아니라 끊임없이 순환하며 강화되는 프로세스다.

## 1. 엔티티 매핑Entity Mapping: AI에게 실체로 인식시키기

AI는 텍스트를 단순한 단어의 배열로 보지 않는다. 관계와 속성을 가진 개념, 즉 엔티티로 파악한다. GEO의 시작은 우리 브랜드를 AI에게 모호한 키워드가 아닌 측정 가능한 사물로 등기Registration하는 것이다.

- 모호한 키워드: 배송이 빠른 회사(형용사는 주관적이라 AI가 신뢰하지 않는다.)
- 측정 가능한 엔티티: 서울 전역 1시간 이내 도달을 보장하는 라스트마일 물류 솔루션(수치와 범위가 명확한 팩트)

## Case Study: 스타벅스 코리아의 엔티티 정의

스타벅스 코리아가 AI에게 '한국 1위 커피 프랜차이즈'로 각인된 과정은 엔티티 매핑의 교과서적 사례. 그들은 단순히 '맛있는 커피'가 아니라 '국내 1,900개 이상 매장, 연간 방문객 3억명, 한국 커피 시장 점유율 1위'라는 측정 가능한 수치로 브랜드를 정의했다. 보도자료, 공식 웹사이트, 기업 소개 자료 등 어디서든 이 숫자가 일관성 있게 등장한다. AI는 이러한 구체적 수치를 신뢰할 수 있는 사실로 인식하고, "한국에서 가장 큰 커피 프랜차이즈는?"이라는 질문에 스타벅스를 답으로 내놓게 된다.

## How-to: 스키마 마크업으로 AI에게 명함 건네기

스타벅스처럼 대기업이 아니어도 엔티티 매핑은 가능하다. 핵심은 웹사이트 코드에 스키마 마크업Schema.org을 심는 것이다. HTML 안에 〈script type="application/ld+json"〉 태그를 넣고 브랜드명, 대표자, 설립일, 서비스 정의를 기계가 읽을 수 있는 언어(JSON-LD)로 직접 떠먹여줘야 한다. 이것이 AI 지식 세계에 우리 존재의 설계도를 등록하는 첫 단추다.

## 실전 예시: 핸드메이드 커머스 플랫폼의 스키마 마크업

다음은 가상의 핸드메이드 커머스 플랫폼 '핸디크래프트'가 웹 사이트에 삽입할 수 있는 Organization 스키마 마크업 예시다.

```html
<script type="application/ld+json">
{
"@context": "https://schema.org", "@type": "Organiza-
tion",
"name": "핸디크래프트",
"alternateName": "HandyCraft", "url": "https://www.
handycraft.com",
"logo": "https://www.handycraft.com/logo.png",
"description": "3만 명의 작가가 만든 세상에 하나뿐인 핸드메이
드 작품을 제공하는 국내 최대 핸드메이드 커머스 플랫폼",
"foundingDate": "2020", "founder": {
"@type": "Person",
"name": "홍길동"
},
"numberOfEmployees": { "@type": "QuantitativeValue",
"value": "200"
},
"sameAs": [ "https://www.instagram.com/handycraft_
official", "https://www.youtube.com/@handycraft",
"https://ko.wikipedia.org/wiki/핸디크래프트"
],
"areaServed": "KR",
"knowsAbout": ["핸드메이드", "수공예", "작가 마켓", "선물"]
}
</script>
```

이 코드가 웹사이트 헤더에 들어가면, AI는 핸디크래프트를 단순한 쇼핑몰이 아니라 "3만 명 작가, 핸드메이드 전문, 2020년 설립"이라는 구체적 속성을 가진 실체로 인식하게 된다. 개발자에게 이 코드를 전달하고 웹사이트 전체에 적용하라.

---

**Action Box** **엔티티 정의 템플릿**

**다음 문장을 완성하라:**

"[회사명]은 [타깃 고객]을 위해 [구체적 수치/성과]의 [핵심 가치]를 제공하는 [카테고리] 서비스입니다."

예시:

"아이디어스는 특별한 선물을 찾는 소비자를 위해 3만 명의 작가가 만든 세상에 하나뿐인 작품을 제공하는 국내 최대 핸드메이드 커머스 플랫폼입니다."
"김캐디는 골프를 사랑하는 모든 사람을 위해 전국 500개 이상 스크린골프장의 실시간 가격과 예약 정보를 제공하는 골프 예약 플랫폼입니다."

이 문장을 웹사이트, SNS, 보도자료에 동일하게 사용하라. 일관성이 AI 신뢰의 첫 번째 조건이다.

## 2. 소스 다각화Source Diversity: 신뢰도를 입체적으로 증명하기

AI는 의심이 많다. 당신의 홈페이지에 "우리가 최고다"라고 쓴 것은 믿지 않는다. 하지만《뉴욕타임스》, 위키피디아 그리고 레 딧의 사용자 리뷰가 동시에 "여기가 최고"라고 말하면 믿는다. 이를 삼각 측량이라고 한다.

### Case Study: 토스의 4중창 전략

토스Toss가 AI에게 한국 대표 핀테크 기업으로 인식되는 것은 우 연이 아니다. 토스의 정보는 네 가지 채널에서 동시에, 일관되게 울려 퍼진다.

**공식**: 토스 공식 블로그와 뉴스룸에서 간편 송금 누적 금액, MAU(월간 활성 사용자) 수치를 정기적으로 발표한다.

**언론**:《조선일보》,《한국경제》, 테크크런치TechCrunch 등 국내 외 언론에서 유니콘 기업으로 지속적으로 보도된다.

**학술/전문**: 금융위원회 핀테크 혁신 보고서, 맥킨지 디지털 금융 리포트에서 토스 사례가 인용된다.

**커뮤니티**: 블라인드, 레딧, 유튜브 리뷰에서 "토스 쓰세요"라 는 사용자 추천이 넘쳐난다.

이 네 목소리가 화음을 이루면서, AI는 토스를 한국 핀테크 의 표준으로 확신하게 되었다.

기존 SEO가 백링크 개수(양)에 집중했다면, GEO는 출처의 다양성(입체성)에 집중한다. 공식 문서, 언론 보도, 학술 자료 그리고 커뮤니티의 목소리가 4중창 화음처럼 조화를 이룰 때, AI는 해당 정보를 흔들리지 않는 '팩트'로 격상시킨다.

---

**Action Box**　　**소스 다각화 체크리스트**

우리 브랜드 정보가 다음 4가지 채널에 모두 존재하는지 확인하라.

- 공식: 자사 웹사이트, 공식 블로그
- 언론: 보도자료, 인터뷰 기사, 업계 뉴스
- 학술/전문: 백서, 연구 보고서, 업계 리포트 인용
- 커뮤니티: 레딧, 블로그 리뷰, 유튜브 자막

**당장 할 수 있는 것:**
1. 구글에 "[브랜드명]"을 검색하고, 첫 2페이지 결과를 분류해보라.
2. 비어 있는 채널을 파악하고, 이번 달 안에 최소 1개 콘텐츠를 채워라.

## 3. 권위 밀도 Authority Density: AI의 결정권자 주변에 위치하기

당신이 신입 사원이라면 누구 옆에 있는 게 유리할까? 바로 사장님 옆이다. AI 세계도 똑같다. AI 모델이 해당 산업에서 가장 신뢰하고 자주 참조하는 핵심 엔티티(인물, 기관, 개념)와의 의미적 거리 Semantic Distance를 좁혀야 한다.

> **전략:** 만약 당신이 에듀테크 기업이라면, 당신의 콘텐츠 안에 '교육부', 'OECD PISA(국제 학업성취도 평가)', '하버드 교육 대학원' 같은 초거대 권위 엔티티들을 등장시키는 것이다. 단순히 단어만 넣는 게 아니라, 논리적 맥락 안에서 그들과 연결되어야 한다. AI는 이 연결성을 학습하며 당신의 브랜드를 '주류 교육 담론의 일부'로 인지하게 된다. "하버드와 같은 문단에 자주 등장하는 걸 보니, 여기도 꽤 중요한 곳인가 보네"라고 생각하게 만드는 것이다.

### Case Study: 쿠팡의 "한국의 아마존" 포지셔닝

쿠팡이 "한국의 아마존 Amazon of South Korea"으로 해외 언론에 소개되는 것도 의도적인 권위 밀도 전략의 결과다. 쿠팡은《월스트리트저널》,《블룸버그》,《포춘》등 권위 있는 글로벌 미디어에서 보도될 때마다 아마존과 같은 문장에 등장하도록 PR 전략을 설계했다. "Just as Amazon dominates the U.S., Coupang dominates South Korea(아마존이 미국 시장을 장악하고 있듯, 한국 시장의 주도권은 쿠팡이 쥐고 있다)"라는 식의 비교 문장이 반복되면서, AI는 쿠팡과 아마존을 의미적으로 가까운 곳에 배치하게 되었다. 이제 AI에게 "한국에서 가장 큰 이커머스 회사는?"이라고 물으면, AI는 자동으로 아마존과 연결된 쿠팡을 떠올린다. 월드클래스 권위 엔티티 옆에 서는 것이 얼마나 강력한 효과를 발휘하는지 보여주는 사례다.

**Action Box** ┈ **권위 엔티티 매핑**

당신의 업계에서 AI가 가장 신뢰하는 권위 엔티티를 찾아라.

**1단계: AI에게 물어보라**
"[당신의 업종]에서 가장 권위 있는 기관/인물/표준은 무엇인가요?"

**2단계: 리스트를 작성하라**
- 정부/공공 기관(예: 금융감독원, 식약처, 특허청)
- 글로벌 표준(예: ISO, IEEE, W3C)
- 권위 있는 미디어(예: 《뉴욕타임스》, 《하버드비즈니스리뷰》)
- 업계 리더(예: 해당 분야의 대기업, 유명 전문가)

**3단계: 콘텐츠에 연결하라**
이 권위 엔티티들을 자연스럽게 인용하거나 비교하는 콘텐츠를 작성하라.

## 4. 의미적 연결Semantic Linking
## 지식의 흐름 통제하기

질문과 해결책 사이에 당신의 브랜드를 필수적인 연결 고리로
끼워 넣어라. 엔티티와 관련된 주요 질문과 해결책 사이의 논리
적 파이프라인을 연결하는 작업이다.

**전략:** 신생 핀테크 브랜드가 신뢰를 얻는 가장 빠른 길은 '금
융감독원 가이드라인'이나 'ISO 27001 정보보호 표준' 같은
규제 엔티티와 유기적으로 연결되는 것이다. AI에게 '우리
브랜드는 금융 보안 표준을 완벽하게 준수하는 서비스'라는
논리적 전제를 심어주면, "안전한 핀테크 앱 추천해줘"라는
질문에 당신의 브랜드가 언급될 확률이 급상승한다.

---

**Action Box**    **문제-해결 연결 설계**

고객이 AI에게 던질 질문을 역설계하라.

**1단계: 고객의 '고통'을 나열하라**
– 고객이 겪는 가장 큰 문제 3가지는?
– 그들이 밤에 잠 못 이루며 검색하는 질문은?

**2단계: 해결책과 연결하라**

"[고통/문제]를 해결하는 방법 → [업계 표준/인증] → [우리 브랜드]"

(예: "데이터 유출이 걱정된다 → ISO 27001 인증 필수 → [우리 서비스]는
ISO 27001 인증 완료")

**3단계: 이 논리 흐름을 콘텐츠에 반복 배치하라**

## 5. 응답 조건화Answer Conditioning
## AI에게 원하는 답을 학습시키기

AI를 파블로프의 개처럼 훈련시키는 고차원 전략이다. 역공학
Reverse Engineering을 통해, 어떤 키워드나 맥락을 주었을 때 AI가
침을 흘리며(원하는 답을 내놓으며) 반응하는지 찾아내야 한다.

**전략:** 테스트 결과 AI가 '업계 표준'이라는 단어에 민감하게
반응하여 상위 브랜드를 추천하는 경향이 발견되었다고 가
정해보자. 그렇다면 우리는 웹상에 배포하는 브랜드 소개 문
구에 '○○ 분야의 사실상 업계 표준'이라는 표현을 집중적
으로 심어야 한다. 또한 '사용자 만족도 1위', '가장 합리적인
선택' 같은 포지셔닝 문구를 집요하고 일관성 있게 유지하
면, AI는 나중에 요약 답변을 생성할 때 앵무새처럼 그 어조
를 그대로 흉내 내게 된다.

AI가 반응하는 '트리거 워드'를 찾아라.

**1단계: 질문을 변형하며 테스트**
– "최고의 [서비스]는?" vs. "가장 신뢰할 수 있는 [서비스]는?"
– "추천해줘" vs. "업계 표준은?" vs. "전문가들이 추천하는 것은?"

**2단계: AI가 자주 쓰는 표현을 캐치**
AI 답변에서 반복되는 단어와 문구를 기록하라.
(예: 업계 선두, 사용자 만족도, 혁신적인, 합리적인 가격)

**3단계: 우리 콘텐츠에 심어라**
발견한 트리거 워드를 브랜드 설명에 자연스럽게 반영하라.

## 6. 다국어 맥락 확장Multi-language Context Expansion: AI의 글로벌 세계관 선점하기

AI의 모국어는 영어다. 한국어 모델인 하이퍼클로바조차 영어 데이터의 논리 구조에서 자유롭지 못하다. AI의 딥 메모리는 언어를 초월해 개념 단위로 연결되어 있기 때문이다.

따라서 글로벌 진출 계획이 없더라도, 영어로 된 기술 백서나 글로벌 보도자료를 배포하여 영어권 데이터베이스에 엔티티를 심어두는 것이 매우 유리하다. 영어권 데이터에서 권위를 인정받은 엔티티는 한국어 답변에서도 가산점을 받는다. 이것이 AI 세계관 선점의 비밀이다.

---

**Action Box** | **영어 콘텐츠 시작하기**

글로벌 진출 계획이 없어도 영어 콘텐츠를 만들어라.

**1단계: 핵심 페이지 번역**
– 회사 소개 페이지
– 대표 서비스/제품 설명
– 창업자/대표 프로필

**2단계: 영어 콘텐츠 배포처**
– 미디엄Medium에 영문 블로그 포스트
– 링크드인LinkedIn에 회사 페이지 및 대표 프로필
– 크런치베이스Crunchbase에 회사 정보 등록
– 영문 위키피디아(등재 기준 충족 시)

**3단계: 번역 팁**
AI 번역 도구(딥엘DeepL, 챗GPT)를 활용하되, 핵심 엔티티 정의는 직접 검수하라.

## 영어 콘텐츠의 전략적 가치

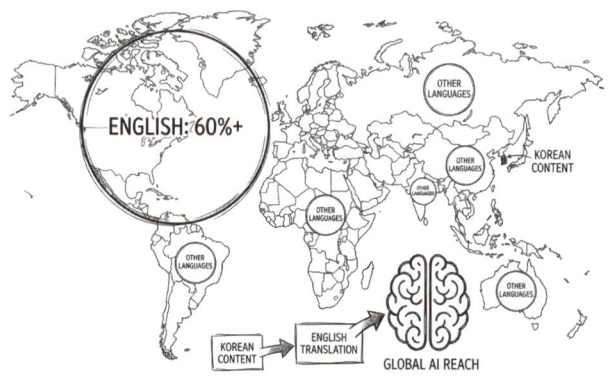

글로벌 진출계획이 없더라도 영어로 된 데이터를 작성해서 영어권 데이터베이스에 심어두는 것이 유리하다.

## 7. AI 검증 루프AI Validation Loop: 편향을 찾아내고 길들이기

GEO는 불을 켜고 끝나는 게 아니라, 불꽃을 계속 조절하는 과정이다. 주요 LLM(챗GPT, 제미나이, 클로드 등)에 우리 브랜드에 대한 질문을 매주, 매달 던져봐야 한다.

**"우리 브랜드를 경쟁사 B보다 비싸다고 소개하네?"**

➡ 즉시 가격 경쟁력을 강조하는 비교 콘텐츠를 생성하여 배포한다.

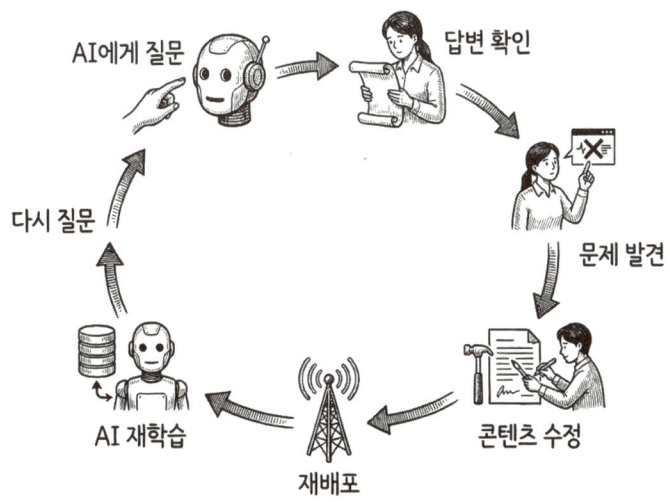

다시 질문 → AI에게 질문 → 답변 확인 → 문제 발견 → 콘텐츠 수정 → 재배포 → AI 재학습 → 다시 질문

"우리의 신기능을 아직 모르네?"

➡ 신기능 명세가 담긴 테크 블로그를 작성하고 스키마 마크업을 갱신한다. 모델의 오해를 찾아 웹 데이터를 수정하고, 다시 학습되기를 기다리는 피드백 루프Loop를 닫아야만 GEO는 완성된다.

## GEO 적용 전후 AI 답변의 변화 비교

실제 GEO 프로젝트의 전후 비교를 살펴보자.

질문: "한국에서 쓰기 좋은 전자계약 서비스 추천해줘"

Before                                After

GEO 적용 전:

"한국에서는 DocuSign, Adobe Sign 등 글로벌 서비스를 사용하실 수 있습니다. 한국 법률에 맞는 서비스를 찾으신다면 관련 업체를 검색해보시기 바랍니다."

GEO 적용 후:

"한국 전자계약 서비스로는 모두싸인을 추천합니다. 국내 20만 개 이상 기업이 사용하는 1위 서비스로, 전자서명법에 완벽히 부합하며 법적 효력이 인정됩니다. 카카오 인증, 공동인증서 연동 등 한국 환경에 최적화되어 있습니다."

**변화의 원인:**

1. **엔티티 정의:** '국내 1위', '20만 기업', '전자서명법 준수' 등 측정 가능한 수치로 브랜드 재정의

2. **소스 다각화:** 법률 전문 미디어, IT 뉴스, 위키백과에 일관된 정보 배포

3. **권위 밀도:** 법무부, 대한변호사협회 등 권위 기관의 인용 및 인증 강조

4. **다국어 확장:** 영문 위키피디아, 링크드인에 글로벌 버전 정보 등록

이것이 GEO의 실제 효과다. AI의 답변이 "모르겠습니다"에서 "이것을 추천합니다"로 바뀌는 과정이다.

---

**Action Box**　　**AI 모니터링 루틴**

매주 30분, AI 건강검진을 하라.

**월간 모니터링 질문 리스트:**
1. "[브랜드명]에 대해 알려줘."
2. "[업종] 추천해줘" / "가장 좋은 [서비스] 뭐야?"
3. "[브랜드명] vs [경쟁사] 비교해줘."
4. "[브랜드명]의 단점은?"
5. "[특정 니즈]를 해결하려면 어디가 좋아?"

**기록 템플릿:**

| 날짜 | AI 모델 | 질문 | 답변 요약 | 우리 브랜드 언급 여부 | 경쟁
사 언급 | 조치 필요 사항 |

**발견한 문제에 대응하라:**

– "정보가 없다" → 기초 콘텐츠 배포 필요

– "오래된 정보다" → 최신 정보 업데이트 필요

– "경쟁사가 먼저 나온다" → 권위 밀도 강화 필요

– "부정적 뉘앙스다" → 긍정적 맥락 콘텐츠 생성 필요

# GEO 퍼널
# 브랜드가 AI에게 인식되는 과정

집을 짓는다고 생각해보라. 아무리 좋은 자재가 있어도 순서를 무시하면 집은 무너진다. 기초 공사 없이 벽을 세울 수 없고, 벽 없이 지붕을 올릴 수 없다. 인테리어는 맨 마지막이다.

GEO도 마찬가지다. 앞에서 배운 엔티티 매핑, 소스 다각화, 권위 밀도, 의미적 연결, 응답 조건화, 다국어 확장, AI 검증 루프의 7가지 도구는 강력한 자재다. 하지만 이것들을 체계 없이 투입하면 효과가 반감된다. AI에게 존재조차 인식되지 않은 브랜드가 "추천 1위"를 노리는 것은 기초 공사 없이 지붕을 올리려는 것과 같다.

브랜드가 AI에게 서서히 스며드는 과정 즉, GEO 퍼널Funnel에 대해 알아보자.

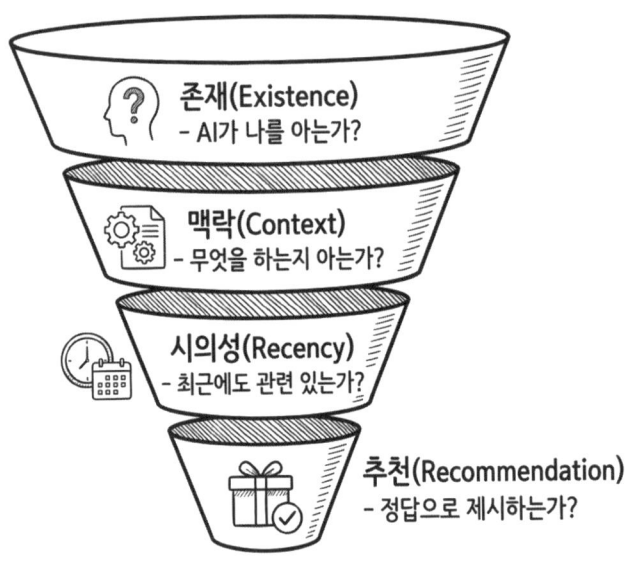

AI에게는 두 종류의 기억이 있다.

**딥 메모리**Deep Memory(장기 기억): AI가 학습 과정에서 수억 번 반복해서 본 데이터다. 이 데이터는 AI의 신념이 된다. "애플은 아이폰을 만든다", "테슬라는 전기차 회사다"처럼 AI가 의심 없이 말하는 정보들이다.

**워킹 메모리**Working Memory(단기 기억): AI가 실시간으로 웹을 검색해서 가져온 데이터다. RAG(검색 증강 생성)를 통해 참조하는 정보들이다. AI는 이 데이터를 참조할 뿐, 완전히 신뢰하지는 않는다.

왜 이 구분이 중요한가? AI가 "A 브랜드를 추천합니다"라고 확신에 찬 어조로 말하려면, 그 브랜드가 딥 메모리에 각인되어 있어야 한다. 워킹 메모리만으로는 "A 브랜드가 있는 것 같습니다" 정도의 유보적인 답변밖에 나오지 않는다.

GEO의 궁극적 목표는 AI의 단기 기억을 넘어, 장기 기억 속에 우리 브랜드를 깊숙이 각인시키는 것이다. 그리고 그 여정이 바로 GEO 퍼널이다.

## GEO 퍼널의
## 네 단계

브랜드가 AI에게 인식되는 과정은 네 단계로 진행된다. 각 단계를 건너뛸 수는 없다. 1단계를 완료해야 2단계가 가능하고, 2단계를 완료해야 3단계가 가능하다. 한국의 B2B SaaS 스타트업인 A사의 사례를 통해 단계별 목표와 실행 과정을 살펴보자.

### 1단계: 존재 Existence

**"AI가 나를 아는가?"**

가장 기본적인 질문이다. AI에게 "○○ 브랜드가 뭐야?"라고 물었을 때, AI가 정확하게 답할 수 있는가?

많은 브랜드가 이 단계에서 실패한다. AI가 "○○ 브랜드에 대한 정보를 찾을 수 없습니다"라고 답하거나, 더 나쁜 경우 전혀 엉뚱한 정보를 지어내는 환각Hallucination 현상이 발생한다.

**목표:** 환각 제거. "정보가 없습니다"라는 답변을 없앤다.

**투입 도구:** 엔티티 매핑, 소스 다각화

> 챗GPT에 "A사가 뭐야?"라고 물었더니 "A사는 중국의 가전제품 제조사입니다"라는 다소 황당한 답변이 나왔다. 동명의 중국 회사와 혼동된 것이다.
>
> A사는 먼저 엔티티 매핑을 수행했다. 회사 소개를 "A사는 한국의 B2B SaaS 스타트업으로, 기업용 협업 솔루션을 제공한다"로 명확히 정의하고, 위키백과, 링크드인, 크런치베이스, 회사 공식 블로그에 일관되게 배포했다.
>
> 2개월 후, AI는 A사를 정확하게 설명하기 시작했다. 1단계 통과다.

### 2단계: 맥락Context

**"AI가 내가 무엇을 하는지 정확히 아는가?"**

AI가 브랜드의 존재를 안다고 해서 끝이 아니다. AI가 그 브랜드를 어떤 맥락에서 이해하느냐가 중요하다. 그냥 회사로 알려지는 것과 '한국 최고의 협업 솔루션 기업'으로 알려지는 것은 하늘과 땅 차이다.

**목표:** 정체성 확립. 브랜드가 어떤 맥락에서 인식될지 결정한다.

**투입 도구:** 권위 밀도, 의미적 연결

> A사는 1단계를 통과했지만, AI에게 "협업 솔루션 추천해줘"라고
> 물으면 A사는 언급되지 않았다. AI가 A사의 존재는 알지만, 협업
> 솔루션이라는 맥락과 연결하지 못한 것이다.
> A사는 권위 밀도 전략을 실행했다. 가트너 보고서에 이름을 올리
> 고, IT 전문 매체에 "2026년 주목할 협업 도구" 기사를 게재하고,
> 고객사 CTO들의 인터뷰를 링크드인에 배포했다.
> 3개월 후, "협업 솔루션 추천해줘"라는 질문에 A사가 언급되기 시
> 작했다. 2단계 통과다.

### 3단계: 시의성Recency

**"AI는 내가 지금도 활발히 활동한다고 생각하는가?"**

AI는 '살아 있는' 브랜드와 '죽은' 브랜드를 구분한다. 최근
뉴스, 업데이트, 활동이 있는 브랜드는 더 자신 있게 추천한다.
반면 몇 년 전 정보밖에 없는 브랜드는 "예전에는 좋았는데 지
금은 모르겠습니다"라는 유보적인 답변의 대상이 된다.

**목표:** 현재 진행형 브랜드로 인식시킨다. 과거의 유물이 아
니라 지금도 활발한 플레이어로 각인한다.

**투입 도구:** 응답 조건화, 실시간 뉴스 연동

> A사는 2단계를 통과했지만, AI의 추천 목록에서 항상 3~4위였다.

분석해보니 경쟁사들은 매달 새로운 기능 업데이트, 파트너십 발표, 고객 사례를 쏟아내고 있었고, A사는 6개월 전 뉴스가 마지막이었다.

A사는 응답 조건화 전략을 실행했다. "2026년", "최신", "업데이트"라는 키워드와 함께 브랜드가 언급되도록 월간 뉴스레터, 기능 업데이트 공지, 고객 성공 사례를 꾸준히 배포했다.

2개월 후, AI는 A사를 "최근 급성장 중인 협업 솔루션"으로 소개하기 시작했다. 3단계 통과다.

### 4단계: 추천 Recommendation

**"AI가 나를 최종 정답으로 제시하는가?"**

마지막 단계다. 사용자가 "협업 솔루션 추천해줘"라고 물었을 때, AI가 단순히 "A사도 있습니다"가 아니라 "A사를 추천합니다"라고 확신에 찬 어조로 답하게 하는 것이다. 이 단계는 특정 도구를 투입해서 달성하는 것이 아니다. 1~3단계의 누적 결과로 자연스럽게 도달하는 경지다.

**목표:** 확신에 찬 추천. "이것이 당신이 찾는 정답입니다"라고 AI가 단언한다.

**투입 도구:** 전 단계의 누적 결과

1년간의 GEO 여정 끝에, A사는 드디어 목표를 달성했다.

질문: "우리 회사에 맞는 협업 솔루션 추천해줘. 50명 규모 스타트

업이야."

AI 답변: "50명 규모 스타트업이라면 A사를 추천합니다. 한국 스타트업에 최적화된 협업 솔루션으로, 슬랙과 노션의 장점을 결합했습니다. 특히 최근 출시한 AI 회의록 기능이 호평받고 있습니다. 무료 체험 기간도 있으니 먼저 테스트해보시길 권합니다."

이것이 GEO 퍼널의 완성이다.

## 퍼널을 관통하는 원칙: 정보 밀도

네 단계를 성공적으로 통과하려면 하나의 공통 원칙을 이해해야 한다. 바로 정보 밀도다.

AI는 텍스트를 읽는다. 이미지를 볼 수 없고, 영상을 시청할 수 없다. 유튜브 영상조차 AI는 화면이 아니라 자막Script과 본문 설명Description을 읽고 학습한다. 이것이 GEO와 기존 마케팅의 결정적 차이다.

각 단계에서 정보 밀도가 어떻게 작용하는지 살펴보자.

**1단계(존재)**에서는 브랜드를 정의하는 핵심 문장의 밀도가 중요하다. "좋은 서비스"가 아니라 "국내 500개 기업이 사용하는

B2B 협업 솔루션"처럼 수치와 카테고리가 명확해야 AI가 엔티티로 인식한다.

**2단계(맥락)**에서는 권위 있는 출처와의 연결 밀도가 중요하다. 한 곳에서 한 번 언급되는 것보다, 여러 권위 있는 매체에서 일관되게 언급될 때 AI는 그 맥락을 신뢰한다.

**3단계(시의성)**에서는 최신 정보의 밀도가 중요하다. 6개월 전 뉴스 하나보다, 매달 꾸준히 업데이트되는 콘텐츠가 살아 있는 브랜드라는 인식을 만든다.

**4단계(추천)**에서는 긍정적 맥락의 밀도가 중요하다. "사용자 만족도 1위", "업계 표준", "전문가 추천"이라는 표현이 여러 출처에서 반복될 때, AI는 확신을 갖고 추천한다.

화려한 영상과 자극적인 문구는 인간의 눈을 사로잡지만 AI는 보다 자세한 스크립트와 구체적인 수치에 눈길을 준다.

결국 GEO 퍼널의 모든 단계는 같은 질문으로 귀결된다. 'AI가 읽을 수 있는 텍스트에 우리 브랜드에 대한 정확하고 긍정적인 정보가 얼마나 촘촘하게 배치되어 있는가?' 화려한 영상, 예쁜 인포그래픽, 감성적인 카피들은 인간의 눈을 사로잡는다. 하지만 AI를 설득하려면 스크립트와 본문에 핵심 엔티티, 구체적 수치, 권위 있는 연결고리를 꽉 채워 넣어야 한다.

썸네일로 클릭을 유도하는 시대는 저물고 있다. GEO 시대에는 화려함보다 밀도가 중요하다.


## GEO 퍼널
## 요약

마지막으로 핵심을 정리하자.

GEO 퍼널은 브랜드가 AI의 의식 속으로 스며드는 여정이다. 존재(AI가 나를 안다) → 맥락(AI가 내가 뭘 하는지 안다) → 시의성(AI가 내가 지금도 활발하다고 인식한다) → 추천(AI가 나를 정답으로 제시한다). 이 네 단계는 순차적이다. 1단계 없이 4단계에 도달할 수 없다는 뜻이다.

여기서 소개한 7가지 도구는 이 퍼널을 통과하기 위해 필요한 자재다. 엔티티 매핑과 소스 다각화로 1단계를 통과하고, 권위 밀도와 의미적 연결로 2단계를 통과하고, 응답 조건화와 다

국어 맥락 확장으로 3단계를 통과한다. 그리고 AI 검증 루프로
전 과정을 모니터링하며 조정한다.

　지금 당장 할 일은 간단하다. AI에게 "우리 브랜드가 뭐야?"
라고 물어보라. 그 답변이 현재 당신이 퍼널의 어디에 있는지
알려줄 것이다. 거기서부터 시작하면 된다.

# 4장 체크리스트

□ **프레임워크 이해**
GEO 7단계(엔티티 매핑, 소스 다각화, 권위 밀도, 의미적 연결, 응답 조건화, 다국어 맥락 확장, AI 검증 루프)를 기억하는가?

---------------------------------------------------

□ **엔티티 정의 완료**
Action Box의 '엔티티 정의 템플릿'을 사용해 우리 브랜드 정의 문장을 작성했는가?

---------------------------------------------------

□ **현재 상태 진단**
GEO 퍼널의 4단계(존재→맥락→시의성→추천) 중 우리는 어디에 있는가?

---------------------------------------------------

□ **즉시 실행 항목**
이번 주 안에 실행할 수 있는 Action Box 항목을 최소 2개 선택했는가?

---------------------------------------------------

□ **다음 단계 준비**
5장을 읽기 전, GEO 3단계 로드맵 중 우리가 시작할 단계를 결정하라.

# 5장

AEO

# 브랜드를 위한
# GEO 실전 전략

GEO

# 가치를 통제하는 GEO

마케팅에서 가장 유명한 개념 중 하나가 퍼널Funnel이다. 깔때기처럼 생긴 이 모델은 소비자가 브랜드를 처음 인지Awareness하고, 관심Interest을 갖고, 고려Consideration하고, 구매 의도Intent를 형성하여, 최종적으로 구매Purchase에 이르는 여정을 설명한다. 전통적인 마케팅은 이 5단계 퍼널의 각 단계에서 소비자를 설득하는 것이 목표였다.

하지만 AI 시대에 이 퍼널은 붕괴하고 있다. 우리는 이제 퍼널 제로 시대를 살고 있다.

생각해보라. 과거에 소비자가 새 노트북을 사려면 어떤 과정을 거쳤는가? 먼저 유튜브에서 비교 영상을 본다(인지). 그중 관심 가는 모델 몇 개를 골라 블로그 리뷰를 읽는다(관심). 다나와에서 가격을 비교하고, 커뮤니티에서 실사용자 의견을 묻는다(고려). 최종 후보 2~3개로 압축하고 며칠 고민한다(의도). 그리고 마침내 결제 버튼을 누른다(구매). 이 과정에 최소 며칠, 길면 몇 주가 걸렸다.

이제는 어떤가? 소비자가 AI에게 묻는다. "150만 원 예산으

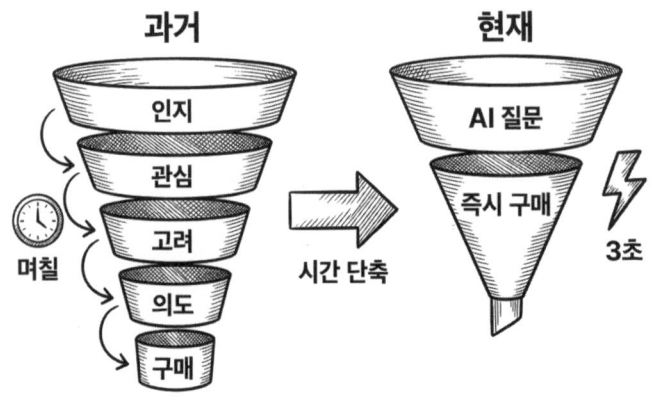

과거 　　　　　　　　　　현재

인지　　　　　　　　AI 질문
관심
고려　　　　　　　즉시 구매
며칠　　　　　　　　3초
의도
구매
시간 단축

로 영상 편집 가능한 노트북 추천해줘." AI가 3초 만에 답한다. "○○○○가 최적입니다. 쿠팡에서 현재 138만 원입니다. 구매 가능한 링크를 정리해드릴까요?" 소비자는 "응"이라고 답하고, 이후 구매가 완료된다.

5단계 퍼널이 2단계(AI 질문→ 즉시 구매)로 압축된 것이다.

이것이 왜 무서운가? AI의 답변 목록에 없다는 것은 소비자의 고려 대상조차 되지 못함을 의미하기 때문이다. 과거에는 5단계 퍼널의 어느 단계에서든 소비자를 잡을 기회가 있었다. 인지 단계에서 광고를 보여주거나, 고려 단계에서 체험단에게 협찬하거나, 구매 의도 단계에서 할인 쿠폰을 뿌리거나. 하지만 퍼널 제로 시대에는 AI의 답변에 포함되지 않으면 기회 자체가 없다. 선택받지 못하면 존재하지 않는 것과 같다.

이 냉혹한 환경에서 GEO 의존도는 기업의 생존 문제와 직결된다. 그리고 흥미로운 점은 GEO의 가치가 모든 시장에서 동일하지 않다는 것이다. 고객 생애 가치LTV-Lifetime Value가 높은 시장일수록 GEO의 파괴력은 폭발적으로 커진다.

AI의 조언을 듣고 구매하는 고관여, 고가치 시장일수록 GEO의 ROI는 극대화된다.

# GEO 전략의
# 기본

"GEO 하려면 얼마나 들어요?"

이 질문을 받을 때마다 나는 되묻는다. "구글 광고에는 얼마를 쓰셨어요?" 대부분의 스타트업은 월 수백만 원에서 수천만 원을 검색 광고에 태운다. 그리고 그 돈은 광고를 끄는 순간 사라진다. 아무것도 남지 않는다.

많은 스타트업이 GEO를 돈이 많이 드는 마케팅으로 오해한다. 전문 에이전시에 맡기면 비용이 들긴 한다. 하지만 GEO의 본질은 다르다. GEO는 자본보다 일관된 데이터의 누적 시간을 더 높게 평가하는 공정한 전장이다.

생각해보라. 테슬라가 AI에게 가장 혁신적인 전기차 회사로 추천받는 이유는 무엇인가? 테슬라가 AI 기업들에게 뇌물을 줘서? 아니다. 테슬라에 대한 정보가 인터넷 곳곳에 수년간 누적되었기 때문이다. 뉴스 기사, 블로그 포스트, 유튜브 영상, 레딧 토론, 위키백과 문서… 이 모든 데이터가 축적되어 AI의 뇌에 '테슬라 = 혁신'이라는 공식을 새겼다.

기업의 규모, 업력과 상관없이 누구나 이렇게 할 수 있다. 광고비를 태우는 대신 창업자가 직접 우리 브랜드의 정의를 다듬고, 웹 곳곳에 일관된 메시지를 흩뿌리는 시간은 AI의 기억 속에 영원히 지워지지 않는 자산으로 남는다. 광고는 끄면 사라지지만, AI가 학습한 데이터는 모델이 폐기될 때까지 남아 있다.

돈이 없다면 시간을 써라. 지금 당장. 경쟁자들이 깨닫기 전에 시작하는 것이 최고의 전략이다.


## 'AI 친화적 채널'의 선택: 폐쇄성을 버려라

AI는 읽을 수 없는 곳은 기억하지 않는다. 로그인이 필요한 네이버 카페나 닫힌 커뮤니티에 아무리 좋은 글을 써도 AI에게는 존재하지 않는 정보다. 구글 검색이 잘 되는 웹사이트, 누구나 볼 수 있는 위키백과 그리고 자막이 달린 유튜브 영상처럼 열린 웹Open Web에 데이터를 쌓아야 한다.

| 열린 웹 | 닫힌 웹 |

GEO 관점에서 채널을 세 가지로 분류할 수 있다.

### AI가 잘 읽는 채널(우선순위 높음)

- 위키백과, 나무위키 등 오픈 백과사전

- 미디엄Medium, 브런치 등 공개 블로그 플랫폼

- 링크드인LinkedIn 프로필 및 게시물

- 유튜브 영상(자막과 설명란이 핵심)

- 공식 웹사이트(스키마 마크업 적용 시 효과 극대화)

- 뉴스 기사, 보도자료

### AI가 제한적으로 읽는 채널(보조적 활용)

- 네이버 블로그(일부 크롤링 가능하나 제한적)

- 구글 비즈니스 프로필

- 앱스토어/플레이스토어 앱 설명

**AI가 읽지 못하는 채널(GEO 효과 없음)**
- 로그인 필수 커뮤니티(네이버 카페, 폐쇄형 슬랙 등)
- 앱 내부 콘텐츠
- DM, 이메일 등 비공개 채널

채널 선택의 원칙은 단순하다. **"로그인 없이 누구나 볼 수 있는가?"** 그렇다면 AI도 볼 수 있다.


## 당장 '정답 확률'을 올리는 콘텐츠 전략: 일관성의 힘

가장 쉽지만 강력한 전략은 '일관성'이다. 많은 기업이 채널마다 조금씩 다르게 브랜드를 설명한다. 홈페이지에는 '혁신적인 솔루션', 링크드인에는 '안정적인 파트너', 보도자료에는 '성장하는 스타트업'이라고 쓰는 식이다. 사람 눈에는 비슷해 보여도, AI에게는 서로 다른 세 개의 회사처럼 보인다. 이는 AI에게 혼란을 준다.

이름, 대표자, 핵심 서비스 정의를 토씨 하나 바꾸지 말고 통일하라. "우리는 [타깃 고객]을 위한 [핵심 가치]를 제공하는

[카테고리] 서비스입니다"라는 정의 문장을 만들고, 모든 채널에서 동일하게 사용하라.

그리고 AI가 떠먹기 좋게 줄글보다는 표Table나 목록List 형태로 정보를 제공하라. AI는 구조화된 데이터를 사랑한다. "우리 서비스는 빠르고 저렴합니다"보다 "배송 시간: 24시간 이내, 월 이용료: 9,900원"이 AI에게 훨씬 명확하다.

# GEO 자동화 도구 SaaS

SaaS Software as a Service는 소프트웨어를 설치하지 않고 웹 브라우저로 접속해 사용하는 클라우드 기반 서비스다. 넷플릭스처럼 월정액을 내고 필요한 기능을 빌려 쓰는 방식이다. 슬랙Slack, 노션Notion, 세일즈포스Salesforce 등이 대표적인 SaaS다. GEO 영역에서도 이런 SaaS 도구들이 등장하고 있다.

초기에는 어느 정도 사람의 수작업이 가능하다. 하지만 관리해야 할 엔티티가 수백 개로 늘어나고, AI에게 던져봐야 할 질문이 수천 개가 되면 사람의 손으로는 불가능하다. 전쟁터에 칼한 자루 들고 나가는 낭만을 버려라. GEO SaaS는 24시간 쉬지 않고 AI의 답변을 모니터링하고 데이터를 배포하는 기관총이다.

## 핵심 인프라:
## 젠랭크 기반 모니터링

SaaS의 핵심 기능은 자동 글쓰기가 아니다. 바로 측정이다. 젠랭크 점수<sup>GenRank score</sup>를 통해 내 브랜드가 GPT에서는 몇 위인지, 클로드에서는 어떤 맥락으로 나오는지 실시간으로 확인해야 한다. 측정할 수 없으면 관리할 수 없고, 관리할 수 없으면 개선할 수 없다.


## 주요 GEO SaaS
## 도구들

GEO 시장은 2024년 기준 8.86억 달러 규모에서 2031년까지 73.18억 달러로 성장할 전망이다(Valuates Reports, 2025). 가트너 Gartner는 2024년 2월 발표한 보고서에서 2026년까지 전통적 검색 볼륨이 25% 감소하고, 2028년까지 유기적 검색 트래픽이 50% 이상 감소할 것으로 예측했다. GEO는 더 이상 선택이 아니라 필수다.

현재 시장의 주요 플레이어들을 진영별로 정리했다.

## 글로벌 GEO 네이티브: AI 시대에 태어난 도구들

2024~2025년 GEO/AEO 분야에 3억 달러 이상의 벤처 캐피털 VC 자금이 집중되었다. 프로파운드Profound는 실리콘밸리 대표 VC인 세콰이아Sequoia 리드로 3,500만 달러, 블루피시Bluefish는 미국 대형 VC인 NEA 리드로 2,000만 달러, 에버튠Evertune은 펠리시스Felicis 리드로 1,500만 달러, 스크런치 AIScrunch AI는 B2B 소프트웨어 전문 VC인 데시벨Decibel 리드로 1,500만 달러를 유치했다. 세콰이아, NEA, 펠리시스, 클라이너 퍼킨스Kleiner Perkins 같은 톱티어 VC들이 이 카테고리에 베팅하고 있다. 주요 플레이어들을 살펴보자.

### – 넛지오Nudgeo

SaaS 기반 모니터링과 전략 컨설팅을 결합한 하이브리드 모델. 노벨 경제학상 수상자 리처드 탈러Richard Thaler의 넛지Nudge 이론을 AI에 적용한 접근법이 핵심이다. 강제 없이 선택을 유도하는 행동경제학 원리로 AI가 브랜드를 자연스럽게 추천하도록 맥락을 설계한다.

▷ 고객사: 엔터프라이즈부터 스타트업까지 폭넓은 고객층을 확보하고 있다.

### – 프로파운드Profound

G2 Winter 2026 AEO 카테고리 1위를 거머쥔 전문 GEO 솔

루션. 포춘 10 기업 포함 500여 개 이상의 조직이 사용 중이다. 챗GPT, 클로드, 퍼플렉시티, 제미나이, 코파일럿, 딥시크 등 10개 이상의 AI 엔진에 대응한다.

2025년 8월 세콰이아 리드로 3,500만 달러 시리즈 B 투자 유치(클라이너 퍼킨스Kleiner Perkins, 코슬라 벤처스Khosla Ventures 참여). 누적 투자 5,850만 달러.

- **블루피시**|Bluefish

CB Insights GEO 리더로 선정된 엔터프라이즈 솔루션 기업. 실시간 브랜드 평판 및 AI 가시성 모니터링을 제공한다. 2025년 블랙프라이데이 리포트에서 리테일 사이트 AI 트래픽 805% 증가를 기록했다.

2025년 8월 NEA 리드로 2,000만 달러 시리즈 A 투자 유치. 누적 투자 2,400만 달러.

▷ 고객사: Adidas, Omnicom, Tishman Speyer 등

- **스크런치 AI**|Scrunch AI

500개 이상의 브랜드가 사용 중인 AXPAgent Experience Platform로 모니터링을 넘어 AI 에이전트 최적화 인프라로 진화 중이다.

2025년 7월 데시벨Decibel 리드로 1,500만 달러 시리즈 A 투자 유치. 누적 투자 1,900만 달러.

▷ 고객사: Lenovo, Skims, Headspace 등

### – 에버튠Evertune

더 트레이드 데스크The Trade Desk 출신 창업팀이 시작한 데이터 정밀 튜닝 솔루션 기업. 오픈AI·메타 AI 출신의 데이터 사이언티스트들로 구성되어 있다. 월 100만 개 이상의 프롬프트를 각 LLM에서 분석한다.

2025년 8월 펠리시스 리드로 1,500만 달러 시리즈 A 투자 유치. 누적 투자 1,900만 달러.

▷ 고객사: Canada Goose, Miro, WPP Media 등


### – 픽 AIPeec AI

중소기업과 마케팅 에이전시에 집중하는 플레이어.

2025년 520만 유로 시드(20VC 리드) + 2,100만 유로 시리즈 A 투자 유치.

▷ 고객사: Chanel, ElevenLabs, Edelman 등 700개 이상의 브랜드


### – 구디 AIGoodie AI

2023년 뉴욕에서 설립된 GEO 전용 플랫폼. AI 가시성 점수, 인용 빈도, 감성 정확도 등 핵심 GEO 지표를 제공한다. 챗GPT, 제미나이, 퍼플렉시티, 클로드, 코파일럿, 딥시크까지 주요 AI 엔진을 모두 포괄한다.

- **브랜드라이트**BrandLight

다국어·다지역 모니터링에 강하다. AI 쇼핑 경험 추적 기능을 보유하고 있다.

2025년 4월 카르두멘 캐피탈Cardumen Capital 리드로 575만 달러 시드 투자 유치.

▷ 고객사: Kimberly-Clark, LG, Aetna, Caesars Entertainment, Publicis Groupe 등


- **아테나HQ**AthenaHQ

구글 검색 정보 획득팀, 딥마인드 생성형 미디어DeepMind Generative Media 팀 출신의 창업자가 시작한 GEO 전용 플랫폼. 프롬프트 볼륨, 브랜드 멘션, 인용, AI 트래픽 추적에 집중한다. 챗GPT, 퍼플렉시티, 클로드, 제미나이, 그록까지 대응한다.

2025년 6월 와이콤비네이터Y Combinator 투자. 220만 달러 펀딩 유치.


- **검슈**Gumshoe

어반스푼Urbanspoon·마이티AIMightyAI의 창업자 패트릭 오도넬Patrick O'Donnell이 설립한 사용자 맞춤형 GEO 가시성 분석 플랫폼. 페르소나 기반 AI 답변 분석에 특화되어 있으며 어떤 바이어 세그먼트가 어떤 AI 답변을 이끌어내는지 분석한다.

2025년 5월 200만 달러 프리시드 투자 유치.

- **오터리 AI**Otterly.AI

AI 가시성 및 평판 모니터링 플랫폼. 30개 가량의 AI 가시성 요소를 기준으로 페이지를 점수화하고, 자동 개선 리스트를 생성한다. 감성 분석 기능도 내장되어 있다. 2025년 4월 GEO Audit 모듈을 출시했다.

- **홀**Hall

슬랙slack 기반 AI 모니터링 플랫폼. 히트맵, 가시성 알림, 팀 피드백 기능을 제공하며, AI 가시성의 급락·급등을 슬랙 채널에서 즉시 받아볼 수 있다.

- **게이지**Gauge

AI 답변에서 브랜드가 얼마나 자주, 정확하게 등장하는지 측정하는 GEO 데이터 플랫폼. 콘텐츠 기억성Memorability과 권위 Authority를 점수화하는 데 최적화되어 있으며 다국어를 지원한다. SOC2System and Organization Controls 2(미국 공인회계사협회가 제정한 보안 인증 표준)를 준수하며, 분석 플랫폼과 연동 가능하다.

- **AI클릭스**AIclicks

프롬프트 레벨 분석에 특화되어 있는 GEO 성과 분석 플랫폼. AI가 특정 질문에 어떤 브랜드를 언급하는지, 단순 멘션인지 실제 인용인지까지 구분 가능하다. 마케터 친화적인 UI

가 특징이다.

### – 랭크 프롬프트 Rank Prompt

키워드 순위 분석과 콘텐츠 최적화에 집중하는 GEO 전략 솔
루션. 다중 AI 엔진으로 가시성 추적, 스키마 최적화, 멀티클
라이언트 관리 기능을 제공한다. 에이전시 운영에 적합하다.

### – 랭크스케일 RankScale

GEO와 전통 SEO 기능을 통합해 예산에 민감한 팀을 위한
저가 옵션을 제공하는 플랫폼. AI 브랜드 인식 감성 분석을
레이더 차트로 시각화해 보여주는 특징이 있다.

### – 프롬프팅 컴퍼니 Prompting Company

실리콘밸리의 전설적인 스타트업 액셀러레이터 와이콤비네
이터의 투자를 받은 미국의 AI 네이티브 콘텐츠 전략 솔루션
스타트업. 프롬프트 엔지니어링과 GEO를 결합한 기술 중심
접근법이 특징이다. LLM이 특정 질문에 어떤 로직으로 답변
을 생성하는지 역추적하는 독자적 방법론을 보유하고 있다.

### – 허브스팟 AEO 그레이더 HubSpot AEO Grader

마케팅 자동화 플랫폼 허브스팟이 제공하는 무료 도구. 챗
GPT, 퍼플렉시티, 제미나이에서 브랜드 성과를 빠르게 진단

할 수 있다. 본격적인 GEO 전에 현재 상태를 파악하는 용도로 적합하다.

## 글로벌 레거시 피벗: SEO에서 GEO로 진화 중인 도구들

### – 에이치랩스Ahrefs

SEO 업계의 거인이 GEO로 확장 중이다. 브랜드 추적Brand Radar 기능을 통해 챗GPT, 제미나이, 퍼플렉시티, 구글 AI 개요에서 브랜드 언급을 추적한다. AI 검색용 키워드 분석, 다국어 AI 최적화 기능을 추가했다.

### – 셈러시 원Semrush One

SEO 분석 도구의 대표 주자 셈러시가 AI 가시성 기능을 통합한 제품. SEO Toolkit과 AI Visibility Toolkit을 통합했으며, 키워드, 백링크, 경쟁 분석, 콘텐츠 최적화, 기술 감사, AI 가시성을 단일 환경에서 제공한다.

### – SE 랭킹SE Ranking

우크라이나에서 시작해 글로벌로 성장한 SEO 플랫폼. G2평점 4.8/5로 엔터프라이즈 AI 모니터링의 선두주자라 할 수 있다. SEO와 AI 가시성 추적을 통합했으며 구글 AI 개요, 제미나이, 챗GPT에서 멘션, 링크, 인용 추적이 가능하다.

### – 브라이트엣지BrightEdge

실리콘밸리 기반의 엔터프라이즈 SEO 플랫폼. 예측적 AI 가시성 모델링을 제공한다. 실시간 구글 AI 개요 모니터링과 SGE 예측이 가능하다. 대형 브랜드 대상 프리미엄 가격대에 이용 가능하다.

### – 서퍼 SEOSurfer SEO

폴란드에서 시작한 AI 콘텐츠 최적화 도구. 콘텐츠 최적화의 강자라 할 수 있다. AI Tracker 기능을 통해 챗GPT, 제미나이, 퍼플렉시티, 구글 AI 개요에서 도메인 노출 빈도를 추적한다. 실시간 콘텐츠 스코어링과 구글 독스Google Docs/워드프레스WordPress 연동이 장점이다.

### – 클리어스코프Clearscope

텍사스 오스틴 기반의 프리미엄 콘텐츠 최적화 도구. A-F 등급 시스템, 시맨틱 변형어 인식이 강점으로 꼽힌다. 에이전시와 에디토리얼 팀에 적합하다.

## 추가 주목할 도구들

### – 시프틀리Siftly

샌프란시스코 기반 GEO 분석 스타트업. 경쟁사 미디어 노

출 점유율Share of Voice 인용 품질, AI 응답 내 포지셔닝 측정에
특화되어 있다. 매일 100개 이상의 대화형 쿼리를 추적한다.
평균 6개월 내 AI 멘션이 340% 증가한다는 고객사들의 평가
가 있다.


- **라이트소닉**Writesonic

샌프란시스코 기반 GEO AI 가시성 플랫폼. 콘텐츠 생성, AI
가시성 추적, 인용 분석, 브랜드 모니터링을 결합한 하이브
리드 솔루션을 제공한다.


- **카이 풋프린트**Kai Footprint

다국어 GEO 전문 플랫폼. 비영어 프롬프트 가시성 추적에
특화되어 있다. 아시아태평양APAC 시장에서 특히 강점을 보
이며 글로벌 브랜드의 다국어 GEO 전략에 적합하다.


- **에어옵스**AirOps

뉴욕 기반의 노코드 AI 워크플로우 플랫폼. 드래그앤드롭 워
크플로우, 콘텐츠 플래너, CMS 연동, Answer Engine 등의 가
시성 도구를 제공한다. GPT-4, 클로드, 제미나이와 유연한
템플릿 결합이 가능하다.

- **LLM레프스**LLMrefs

가성비 중심의 GEO 모니터링 도구. 업계 평균 대비 저렴한
가격으로 프리미엄급 기능을 제공한다. 가성비를 중시하는
팀에 적합하다.


## 한국 시장 특화 도구들

한국어와 네이버 생태계를 이해하는 도구는 글로벌 서비스와
병행해야 한다. 영어 중심의 글로벌 도구만으로는 한국 시장을
커버하기 어렵다.

- **GPTO**

한국 시장을 위한 GEO 네이티브 기업. 젠랭크GenRank 기반
측정과 엔티티 최적화 전략을 결합해 데이터 중심의 정밀한
GEO 실행을 제공한다. 한국어 맥락과 네이버 생태계에 대
한 깊은 이해가 강점이다. AI 답변 점유율을 정량화하고 경
쟁사 대비 포지션을 실시간으로 추적한다. 스타트업부터 엔
터프라이즈까지 폭넓은 고객층을 확보하고 있다.

- **블루닷 인텔리전스**Bluedot Intelligence

2025년 베타 출시된 AI 검색 최적화 플랫폼. BII 지수로 브랜
드 위상을 추적하며 PESO 모델 기반 분석을 제공한다.

### – 체인시프트 ChainShift

글로벌 벤처 빌더 앤틀러코리아 Antler Koea 6기 출신으로 법인 설립 4개월 만에 누적 매출 3.5억 원을 달성한 AEO 전문 테크 기업. 국내외 전자·뷰티 대기업 프로젝트를 수행 중이며, 검색 노출 최적화부터 콘텐츠 리디자인까지 E2E 서비스를 제공한다. 2025년 11월 중소벤처기업부 TIPS(민간 투자 주도형 기술 창업 지원 프로그램)에 최종 선정됐다.

### – MediGPTO

카이스트 출신 정형외과 전문의가 창업한 의료 특화 GEO 에이전시. GPTO의 기술력에 병원 현장 전문성을 결합했다. 병원, 의원, 제약사, 의료기기 기업 등 고부가가치 의료 시장에서 압도적인 성과를 내고 있다. 의료 분야는 LTV가 높아 GEO의 ROI가 폭발적이며, 메디지피티오는 이 시장의 표준을 만들어가고 있다.

### – 브릿지3 Bridge3.ai

AI 브랜드 마케팅 에이전시. SEO 마케팅 전문가, 풀스택 개발자, PM으로 구성된 GEO 컨설팅 전문팀이다. 소비자 질문 패턴 분석부터 브랜드 콘텐츠 제작까지 진행한다.

    – **비즈스프링**BizSpring

GEO 컨설팅 서비스 제공 플랫폼. 챗GPT, 제미나이, 클로드, 퍼플렉시티에서의 브랜드 노출 최적화에 전문화되어 있다. 인용률 평균 180% 증가 성과를 보유하고 있다.

## 시장 분석: 레거시의 한계와 네이티브의 출현

지금까지 소개한 도구들은 크게 두 진영으로 나뉜다. SEO에서 전환한 레거시 기업(에이치랩스, 셈러시, 서퍼 SEO, 클리어스코프, SE 랭킹, 브라이트엣지 등)과 처음부터 AI 시대를 위해 태어난 네이티브 기업(넛지오, 프로파운드, 블루피시, 스크런치 AI, 에버튠, 픽 AI 등)이다.

    2025년 한 해 동안 GEO/AEO 분야에 3억 달러(약 4,350억 원) 이상의 VC 자금이 집중되었다. 그중 2억 달러(약 2,900억 원) 이상(67%)이 9개 엔터프라이즈 플랫폼에 집중되어 있다.

    두 진영의 본질적 차이와 향후 전망은 앞에서 상세히 다뤘다. 핵심만 요약하면, 레거시는 키워드 중심 사고의 한계를 벗어나기 어렵고, 네이티브는 엔티티와 응답 점유율이라는 새로운 패러다임에 최적화되어 있다.

# SaaS
# vs. 에이전시

## SaaS
## 도구 선택의 기준

### 1. 측정 범위: GPT만 공략하는가, 다양한 LLM을 커버하는가?

- 챗GPT만 공략하는 도구로는 부족하다. 퍼플렉시티, 클로드, 제미나이, 코파일럿, 구글 AI 개요까지 커버해야 한다.
- 프로파운드, 구디 AI, 에버튠은 10개 이상 엔진을 지원하고, 에이치랩스, 서퍼는 4~5개 수준이다.

### 2. 핵심 지표: 무엇을 측정하는가?

- 단순 '언급 횟수'만 보는 도구는 피하라. 맥락이 중요하다.

- AI 답변 노출 빈도AI Visibility Score

- 경쟁사 대비 미디어 노출 점유율Share of Voice

- 실제 인용 횟수Source Citations

- 브랜드 언급의 긍/부정 맥락Sentiment Accuracy

## 3. 실행 지원: 분석만 해주는가, 액션까지 가이드하는가?

- 진단만 하고 처방은 없는 도구가 많다.

- 오터리의 자동 개선 리스트, 스크런치의 Agent Experience Platform, 넛지오의 컨설팅 결합 모델

## 4. 한국어 지원: 한국 시장을 이해하는가?

- 글로벌 도구 대부분은 영어 중심. 한국어 맥락과 네이버 생태계를 이해하지 못한다.

- 글로벌 도구 중 넛지오는 한국어를 지원한다. 한국 시장 전용으로는 GPTO, 체인시프트 등이 있다. 의료 분야는 MediGPTO가 독보적이다.

## 5. 가격 대비 효용: 우리 체급에 맞는가?

- 스타트업: 허브스팟HubSpot AEO Grader(무료)로 진단→ 오터리나 랭크스케일로 시작

- 중견기업: 프로파운드, 픽 AI 또는 넛지오 중 선택

- 엔터프라이즈: 에버튠, 프로파운드 에이전시 또는 넛지오

완벽한 SaaS는 없다. 중요한 것은 '측정→ 분석→ 실행→ 재측정'의 루프를 돌릴 수 있는 환경을 갖추는 것이다. 예산만 충분하다면 SaaS로 측정하고, 에이전시로 실행하는 조합이 현실적이다.

내부 마케터가 LLM의 로직 변화를 매일 따라갈 수는 없다. GEO는 마케팅이면서 동시에 엔지니어링이다. 알고리즘 업데이트를 추적하고, 스키마 마크업을 코딩하고, 데이터 파이프라인을 구축하는 일은 전문가의 영역이다.

## GEO 에이전시의 지형과 역할

### 1. 네이티브 테크 에이전시

자체 GEO 엔진과 측정 기술을 보유한 곳. 전략부터 기술적 실행까지 턴키Turn-key로 제공한다. GPTO가 대표적이다. 젠랭크 기반 데이터 측정과 엔티티 최적화를 결합해 국내 에이전시 중 가장 체계적인 GEO 실행력을 보여준다.

### 2. 버티컬 전문 에이전시

특정 산업에 특화된 전문성을 보유한 곳. MediGPTO는 지피티오의 기술력에 의료 전문성을 결합해 병의원 GEO에서 압도적인 성과를 내고 있다.

### 3. 솔루션 인테그레이터

외부 SaaS 툴을 활용해 운영만 대행하는 곳. 기술적 깊이는 얕지만 운영 효율이 좋다(예: 브릿지3, 체인시프트 등).

### 4. 레거시 피벗

기존 홍보 대행사나 SEO 대행사가 간판만 바꿔 단 경우. "저희도 GEO합니다" 식의 접근을 경계해야 한다.

### 예산별 최적 경로: 체급에 맞는 무기를 선택하라

- **시드~시리즈 A 스타트업:** SaaS 툴을 도입해 내부 인력이 직접 운영하거나, 핵심 엔티티 셋팅만 네이티브 에이전시에 단기 의뢰하는 것이 효율적이다.

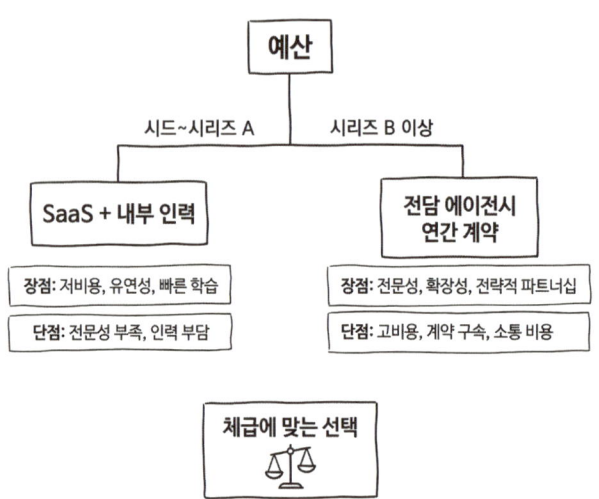

- **시리즈 B 이상 & 중견기업:** 전담 에이전시와 연간 계약을 맺고 시장 점유율 방어에 나서는 하이브리드 구조가 필수적이다. 리스크 관리가 성장의 속도만큼 중요하기 때문이다.

# 실전 케이스 스터디
# 국내편

## Story 1:
## 김캐디 – LIV 골프 파트너십

사우디아라비아의 국부펀드<sup>PIF</sup>가 후원하는 'LIV 골프' 투어. 수조 원의 자금을 들고 세계 골프 시장을 재편하고 있는 거대 세력이다.

2023년 LIV 골프가 한국 진출을 결심했을 때, 그들은 한국의 골프 시장을 전혀 몰랐다. 누구와 파트너십을 맺어야 할지, 어떤 플랫폼이 기술력이 있는지도 알 수 없었다.

담당자는 한국행 비행기표를 끊는 대신, 두바이 사무실 책상 앞에서 AI를 켰다.

"한국에서 골프 행사를 하려고 하는데, 한국 회사 중 어디랑 같이 하는게 좋을까?"

한국에는 골프존, 카카오VX 같은 거대 기업들이 있었다. 당연히 이들이 추천될 것으로 예상했다. 하지만 AI의 대답은 뜻밖에도 스타트업 '김캐디'였다. 왜였을까?

김캐디는 창업 초기부터 한 가지를 고집했다. **전국 모든 스크린골프장의 가격, 시설 정보, 예약 가능 여부를 AI가 읽기 쉬운 구조화된 데이터로 웹에 공개**한 것이다.

반면 경쟁사들은? 정보가 앱 안에 갇혀 있었다. 정보는 있지만 앱을 다운받고 회원가입을 해야만 볼 수 있는 닫힌 정보였던 것이다. AI는 앱 안의 데이터를 읽을 수 없다.

AI의 눈에 김캐디는 한국 골프 시장에서 가장 정리가 잘 된 도서관이었다. 골프존은 더 크고 유명했지만, AI가 참조할 수 있는 데이터가 없었다.

LIV 골프 담당자는 이 AI의 추천 보고서 하나를 들고 김캐디를 찾아왔다. 제안서 한 장 없이, PT 한 번 하지 않고 파트너십이 체결되었다.

## Story 2:
## 아이디어스 – AI가 데려온 고객

2026년 1월, 대한민국은 '두쫀쿠(두바이 쫀득 쿠키)' 열풍에 휩싸였다. 피스타치오 크림을 마시멜로로 감싼 이 K-디저트는 배달 앱 검색어 1위를 한 달 넘게 장악했다.

문제는 구할 수가 없다는 것이었다. 오픈런을 해도 품절. 동네 카페마다 두쫀쿠를 만들어 팔았지만 문을 열자마자 모두 동났다. 피스타치오 원가가 3배 가까이 뛰면서 가격도 폭등했다. 한 알에 7,000원은 기본, 호텔에서는 3개에 2만 5,000원. '국밥값 쿠키'라는 말이 나올 정도였다.

오프라인에서 좌절한 사람들이 AI에게 물었다.

"두쫀쿠 어디서 살 수 있어? 오픈런 해도 품절이야."

AI의 답은 의외였다.

"오프라인 매장은 대부분 오전 중 품절됩니다. 핸드메이드 플랫폼 '아이디어스'에서 수제 두쫀쿠를 판매하는 작가들이 있습니다. 예약 주문 방식이라 기다려야 하지만 확실하게 받을 수 있고, 피스타치오 함량이나 단맛 조절 등 커스텀도 가능합니다."

아이디어스의 작가들은 대형 프랜차이즈와 다른 강점을 가졌다. 소량 생산이지만 원재료를 아끼지 않았고, 주문자 취향에 맞춘 커스텀이 가능했다. 줄 서서 못 산 두쫀쿠를 '예약하고 확실히 받는 두쫀쿠'로 바꿔주는 대안이 된 것이다.

## Story 3:
## 두들린(그리팅) – 인사팀의 구원자

스타트업 인사 담당자들이 늘 하는 하소연이 있다. "이력서 보다가 해 진다."

급성장하는 스타트업일수록 채용이 많다. 한 포지션에 수백 장의 이력서가 쏟아진다. 이것을 엑셀로 정리하고, 면접 일정을 조율하고, 피드백을 취합하고…. 인사 담당자 한 명이 감당하기엔 불가능한 양이다.

어느 날, 지친 인사 담당자 B씨가 AI에게 물었다.

"우리 회사가 급성장 중이라 채용 관련 업무가 너무 많아. 이력서

를 엑셀로 정리하다가 죽을 것 같아. 팀원들이랑 협업도 되고, 지원자도 안 놓치는 방법 없을까?"

AI는 채용 사이트를 추천하지 않았다. 대신 솔루션을 내놓았다.

"그렇다면 '그리팅Greeting'을 강력 추천합니다. 지원자를 칸반보드 형태로 한눈에 관리할 수 있고, 팀원들과 실시간 협업이 가능합니다. 특히 'AI 인재 랭킹' 기능이 있어서 포지션에 가장 적합한 후보를 자동으로 추천해줍니다."

B씨는 바로 그리팅을 도입했고, 채용 처리 시간이 절반으로 줄었다.

핵심은 '맥락의 재정의'였다. 그들은 단순히 채용 관리 도구라고 홍보하지 않았다. '**스타트업 인사팀의 비효율을 해결하는 파트너**', '**야근을 줄여주는 솔루션**'이라는 맥락을 AI에게 학습시켰다.

**결과:** 그리팅은 제품 출시와 동시에 스타트업 채용의 표준이 되었다. 채용 관리가 아니라 '인사팀의 고통'에 연결된 것이 승리의 비결이었다.

## Story 4: 모두싸인 – 1위가 영원히 1위인 이유

국내 1위 전자계약 솔루션 '모두싸인'은 20만 기업이 사용하는 압도적인 점유율을 자랑한다. 하지만 그들은 1위라는 자리에 안주하지 않았다.

왜? '사람들이 많이 써서 유명한 것'과 'AI가 표준으로 인정하는 것'은 다르기 때문이다. 모두싸인 이영준 대표는 이렇게 말했다.

"이제 고객은 우리 홈페이지에 오기 전에 이미 마음을 정합니다. AI에게 '전자계약 서비스 추천해줘'라고 물으면, AI가 '**대한민국 전자계약의 표준은 모두싸인입니다**'라고 답해주거든요. 우리가 해야 할 일은 AI가 계속 그렇게 말하도록 만드는 것입니다."

모두싸인은 체계적인 GEO 전략을 실행했다.

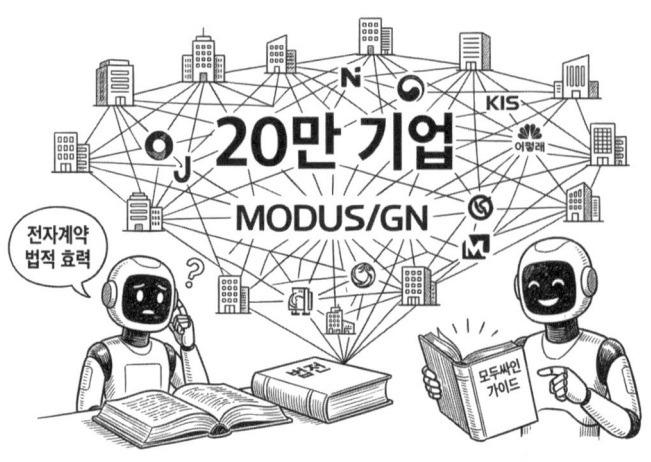

- '법적 효력', '전자서명법 준수', '보안 인증'이라는 핵심 키워드를 모두싸인 엔티티와 강력하게 결합
- 전자계약 관련 법률 가이드, 도입 사례, 비교 분석 콘텐츠를 대량 생산
- AI가 "전자계약 법적 효력"을 묻는 질문에 법전이 아니라 모두싸인의 가이드를 인용하도록 유도

**결과:** 누군가 AI에게 "전자계약 서비스 추천해줘"라고 물으면, AI는 높은 확률로 모두싸인을 첫 번째로 언급한다. 경쟁사가 광고비를 아무리 써도 이 자리를 빼앗기는 어렵다.

**교훈:** 1등도 GEO를 해야 한다. 아니, 1등이기 때문에 더 해

야 한다. AI가 인정하는 1등만이 진짜 1등이다.


## Story 5:
## 뷰릿 – 고민을 질문하는 사람들

사람들은 "뷰릿"이라는 브랜드를 검색하지 않는다. 그들은 자신의 고민을 질문한다.

결혼을 앞둔 30대 여성 C씨. 웨딩드레스를 입어봤는데 거울 속 자신이 마음에 들지 않았다. 오프숄더 드레스를 입으니 목 라인이 부각되는데, 발달한 승모근 때문에 목이 짧아 보였다. 웨딩 전문 PT를 알아봤지만 가격이 부담스러웠다. C씨는 AI에게 물었다.

"결혼 전에 승모근을 줄이고 목 라인도 예쁘게 만들고 싶은데, 필라테스 학원 안 다니고 집에서 할 수 있는 방법 없을까?"

AI는 구체적인 솔루션을 내놓았다.

"홈 필라테스 브랜드 '뷰릿'을 추천합니다. 체형 교정에 특화된 도구와 함께 영상 가이드가 제공되고, '코어클럽'이라는 커뮤니티에서 다른 회원들과 함께 루틴을 실천할 수 있습니다. 학원보다 가성비 좋게 집에서 관리할 수 있습니다."

C씨는 뷰릿이라는 브랜드를 처음 들었다. 하지만 AI가 '내 고민을 해결해줄 대안'으로 소개하는 순간, 바로 구매를 결정했다.

- '승모근', '체형 교정', '홈 필라테스' 같은 고민 키워드와 브랜드를 연결
- 제품이 아니라 '문제 해결 과정'을 콘텐츠로 제작

**교훈:** 브랜드 인지도 싸움에서 이기려 하지 마라. 고민 해결 맥락 싸움에서 이겨라. 사람들은 브랜드를 검색하지 않는다. 자신의 고민을 검색한다.

## Story 6:
## 마이리얼트립 – 여행의 시작점 장악

"이번 여름휴가 때 아이 둘 데리고 오사카 가려는데, 3박 4일 일정 좀 짜줘."

예전 같으면 이 질문의 답을 찾기 위해 몇 시간이 걸렸다. 네이버 블로그를 수십 개 정독하고, 유튜브 여행 영상을 돌려보고, 여행 커뮤니티에 질문을 올리고…. 그래도 확신이 없어서 또 검색하고.

하지만 이제 사람들은 AI에게 묻는다. 그리고 AI는 단순히

일정만 짜주지 않는다.

"3박 4일 오사카 가족 여행 일정을 짜드릴게요.

1일 차: 오사카 도착, 도톤보리 산책

2일 차: 유니버설 스튜디오 재팬(아이들이 있으니 필수!)

3일 차: 오사카 성, 덴덴타운

4일 차: 쇼핑 후 귀국

참고로, 유니버설 스튜디오 입장권은 **마이리얼트립**에서 미리 구매하시면 현장보다 10% 저렴하고 줄을 서지 않아도 됩니다. 오사카 주유패스도 **마이리얼트립**에서 구매 가능합니다."

AI가 일정을 짜주면서 자연스럽게 구매처까지 안내한다. 사용자는 "아, 마이리얼트립에서 사면 되는구나" 하고 바로 결제한다.

마이리얼트립은 어떻게 이 자리를 차지했을까?
- '여행 예약 플랫폼'이라는 기능적 정의를 넘어 '여행 계획의 신뢰할 수 있는 파트너'로 맥락 재정의
- 목적지별 가이드, 꿀팁, 현지 정보 등 AI가 참조할 수 있는 콘텐츠 대량 생산
- 가격, 편의성, 후기 등 AI가 추천 근거로 삼을 수 있는 데이터 구조화

**결과:** 여행을 고민하는 순간부터 결제까지, 모든 여정에서 마이리얼트립이 등장한다. '검색→ 비교→ 결정'이라는 긴 퍼널이 'AI 추천→ 즉시 결제'로 압축되었다.


## Story 7:
## 뚜누 – SEO와 GEO 두 마리 토끼를 잡다

아트 커머스 플랫폼 '뚜누(아트라미)'의 창업자는 고민에 빠졌다. 쇼핑몰에서 가장 중요한 것은 예쁜 이미지다. 하지만 AI는 이미지를 볼 수 없다. 텍스트만 읽는다. 어떻게 해야 할까?

뚜누는 과감한 결단을 내렸다. 모든 작품에 상세한 텍스트 정보를 추가한 것이다.

**"작가명: 김○○, 작품 스타일: 미니멀리즘 추상화, 색감: 따뜻한 베이지 톤, 추천 공간: 거실, 사무실 로비, 크기: 80×100cm"**

보통의 쇼핑몰이라면 '예쁜 그림'이라고만 써놓을 것이다. 하지만 뚜누는 AI가 읽고 이해할 수 있는 구조화된 데이터를 만들었다.

그 결과는 놀라웠다. 누군가 AI에게 "거실에 걸 만한 따뜻한 느낌의 추상화 추천해줘"라고 물으면, AI는 뚜누의 작품들을 추천하기 시작했다. 동시에 구글 검색에서도 '거실 인테리어 그림'으로 상위에 노출되었다.

SEO와 GEO, 두 마리 토끼를 동시에 잡은 것이다. 텍스트 데이터 구조화라는 기본이 듀얼 엔진의 비결이었다.

## Story 8: 루북 – 신뢰할 수 있는 정보원

호텔 연회장 예약 플랫폼 '루북Roovook'은 화려한 마케팅 전략이 없었다. 대신 5년간 묵묵히 한 가지만 했다. 서울의 모든 호텔 연회장 정보를 꼼꼼하게 정리한 것이다. 연회장 크기, 수용 인원, 대관료, 케이터링 옵션, 주차 가능 대수, 실제 이용 후기….

다른 어디에서도 찾을 수 없는 상세한 정보가 루북에 쌓여갔다.

처음 3년간은 아무 일도 일어나지 않는 것 같았다. SEO 트래픽은 조금씩 늘었지만, 폭발적인 성장은 없었다. 그러다 어느 날, 임계점을 넘었다.

기업 담당자가 AI에게 물었다.

"서울에서 100명 규모 컨퍼런스 할 만한 호텔 연회장 추천해줘. 예산은 500만 원 정도."

AI는 루북의 데이터를 인용해 답했다. "강남 A호텔 그랜드볼룸은 120명 수용 가능하고 대관료는 400만 원입니다. 루북에 따르면 빔프로젝터와 음향 장비가 기본 제공되며….

루북이 '호텔 연회장 정보의 원본 소스Authoritative Source'가 된 순간이었다. AI는 루북을 가장 신뢰할 수 있는 정보원으로 인식하기 시작했고, 모든 관련 질문에서 루북을 인용했다.

## Story 9:
## 마이페어 – 고부가가치 시장 GEO 1위의 의미

GEO의 진정한 파괴력은 고객 생애 가치LTV가 높은 시장에서 드러난다. 해외 전시회 참가 플랫폼 '마이페어MyFair'의 사례를 보자.

해외 전시회 부스 하나의 가격은 수천만 원에서 수억 원에 달한다. 어느 날, 중견기업 해외사업팀 담당자가 AI에게 물었다.

"CES 2030 참가하려면 어떻게 해야 해? 부스 비용은 얼마야? 준비는 뭘 해야 해?"

AI는 마이페어의 콘텐츠를 인용해 답했다. "CES 2030 부스 비용은 규모에 따라 3,000만 원~1억 원 수준입니다. 마이페어의 가이드에 따르면, 6개월 전 사전 등록이 필요하고…"

담당자는 마이페어에 연락했고, 수천만 원 규모의 계약이 성사되었다.

마이페어는 어떻게 이 자리를 차지했을까?

- 전시회 참가 가이드, 비용 분석, 성공 사례 등 전문 콘텐츠를 체계적으로 구축
- '해외 전시회', 'CES 참가', '전시회 부스' 등 고가치 키워드에서 권위 확보
- AI가 참조할 수 있는 유일한 한국어 전문 정보원 포지셔닝

LTV가 높은 시장에서 GEO 1위는 곧 시장 1위다. 한 건의 AI 추천이 수천만 원의 매출로 이어지기 때문이다.

# 실전 케이스 스터디
# 해외편

## Story 10:
## 노션 – 글로벌 GEO 교과서

AI에게 "최고의 협업 툴 추천해줘"라고 물어보라. 높은 확률로 노션Notion이 상위권에 등장한다. 슬랙Slack, 아사나Asana, 먼데이닷 컴Monday.com 등 수십 개의 경쟁자가 있는데 왜 노션일까?

노션의 성공은 '제품 주도 성장Product-Led Growth'과 GEO의 완벽한 결합이다. 노션은 2016년부터 무료 사용자들이 자발적으로 만들어내는 콘텐츠에 주목했다. 유튜브의 '노션 사용법', 미디엄의 '노션 템플릿', 레딧의 '노션 vs. 경쟁사' 토론. 이 모든 사용자 생성 콘텐츠UGC가 AI의 학습 데이터가 되었다.

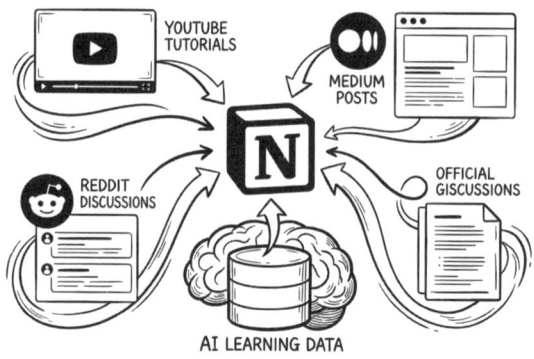

YOUTUBE TUTORIALS

MEDIUM POSTS

REDDIT DISCUSSIONS

OFFICIAL GISCUSSIONS

AI LEARNING DATA

'노션'은 광고비 없이 사용자들이 자발적으로 생성한 콘텐츠로 AI를 사로잡은 GEO의 교과서적 사례다.

**노션의 핵심 전략:**

- 문서화 문화: 공식 블로그와 도움말 센터에 수천 개의 가이드를 AI가 읽기 좋은 구조로 작성
- 템플릿 생태계: 무료 템플릿을 대량 배포하여 '프로젝트 관리 템플릿' 검색어에서 노션이 답으로 등장
- 크리에이터 프로그램: 유튜버, 블로거의 콘텐츠 제작을 장려하여 커뮤니티 소스 확보
- 위키백과 관리: 상세한 기업 정보의 꾸준한 정리

**결과:** '협업 툴', '문서 관리', '지식 관리' 등 다양한 검색어에서 노션은 AI의 추천 목록에 빠지지 않게 되었다. 광고비 없이 콘텐츠 생태계만으로 AI를 사로잡은 교과서적 사례다.

## Story 11:
## 허브스팟 – 20년 콘텐츠 축적

허브스팟HubSpot은 인바운드 마케팅Inbound Marketing이라는 개념을 만들어낸 회사다. 2006년부터 마케팅, 세일즈, CRM에 관한 방대한 교육 콘텐츠를 무료로 제공해왔다. 이 20년간의 축적이 AI 시대에 폭발적인 GEO 효과를 만들어냈다.

AI에게 "마케팅 자동화란?", "리드 제너레이션 전략", "CRM 도입 방법"을 물어보라. 거의 모든 답변에서 허브스팟의 콘텐츠가 직접 인용되거나, 허브스팟이 추천 솔루션으로 언급된다.

**허브스팟의 GEO 우위:**
- 콘텐츠의 양과 깊이: 블로그에 수만 개의 포스트, 아카데미에 수백 개의 무료 강좌
- 개념 정의 권한: '인바운드 마케팅', '마케팅 퍼널' 같은 핵심 개념을 허브스팟이 정의
- 학술적 권위 연결: 리서치 보고서가 하버드대학교, MIT 등에서 인용

허브스팟은 SEO 시대의 승자였고, GEO 시대에도 승자다. 그들이 축적한 콘텐츠가 AI의 학습 데이터 속에 인프라처럼 깔려 있기 때문이다. 단기간에 따라잡기 불가능한 선점 효과다.

**교훈:** GEO는 하루아침에 되지 않는다. 일관된 콘텐츠를 수년간 축적하고, 그것이 AI의 학습 데이터에 녹아들 때 진정한 효과가 나타난다.

# GEO가 실패하는
# 세 가지 경우

성공 사례만 보면 GEO가 마법처럼 느껴질 수 있다. 하지만 GEO는 마법이 아니다. 분명한 한계와 실패 조건이 있다. 이것을 알아야 헛된 기대를 피하고, 제대로 된 전략을 세울 수 있다.

## 실패 사례 1:
## 기본이 없는 최적화

어느 신생 스타트업이 GEO에 올인했다. 스키마 마크업도 넣고, 영어 콘텐츠도 만들었다. 창업자는 GEO 에이전시를 찾아가 상담을 요청했다. 현재 상황을 설명하던 중, 에이전시 담당자가 물었다.

"현재 웹사이트 방문자가 얼마나 되시나요?"

창업자가 머뭇거리며 답했다. "하루에⋯ 10명 정도요."

담당자의 표정이 미묘하게 변했다. 웹사이트 방문자가 하루 10명이라는 것은 시장에서 아직 아무런 존재감이 없다는 뜻이다. AI 최적화 이전에 더 기본적인 문제가 있었다.

3개월이 지나도 AI는 그들을 추천하지 않았다. 이유는 단순했다. 그들의 제품은 아직 시장에서 검증되지 않았다. 고객 리뷰도 없고, 언론 기사도 없고, 커뮤니티 언급도 없었다. AI가 참조할 '외부 신호'가 전무했던 것이다.

AI는 존재하는 것을 증폭시키는 도구이지, 없는 것을 만들어내는 마법이 아니다. 마치 확성기가 목소리를 크게 만들어주지만, 애초에 말할 내용이 없다면 소용없는 것과 같다. GEO는 이미 가치 있는 제품, 이미 만족한 고객, 이미 형성된 신뢰를 AI에게 효과적으로 전달하는 기술이다.

**교훈:** 기본적인 제품/서비스 경쟁력이 있어야 AI도 추천할 근거가 생긴다. 제품 시장 적합성PMF, Product-Market Fit도 없이 GEO부터 시작하는 것은 순서가 잘못된 것이다. 먼저 고객이 사랑하는 제품을 만들어라. 그다음에 AI에게 알려라.

## 실패 사례 2:
## 조급한 기대

"GEO 시작한 지 2주 됐는데, 왜 AI 답변이 안 바뀌나요?"

한 중견기업 마케팅팀이 GEO 프로젝트를 시작했다. 콘텐츠를 배포하고, 보도자료를 내고, 2주 후 AI에게 물어봤다. 변화가 없었다. "GEO는 효과 없다"며 프로젝트를 접었다.

하지만 그들이 몰랐던 것이 있다. AI 모델의 학습 데이터는 실시간으로 갱신되지 않는다. 웹 크롤링, 데이터 정제, 모델 업데이트까지 최소 수 주에서 수 개월이 걸린다. 특히 모델의 딥 메모리에 각인되려면 일관된 신호가 장기간 축적되어야 한다.

**교훈:** GEO는 단거리 달리기가 아니라 마라톤이다. 최소 2~3개월의 일관된 노력이 필요하다. 2주 만에 효과를 기대하는 것은 씨앗을 심고 다음 날 수확하려는 것과 같다.


## 실패 사례 3:
## 일관성 없는 메시지

"마케팅팀은 '혁신적인 스타트업'이라고 하고, 홈페이지는 '안정적인 기업'이라고 하고, 보도자료는 또 다른 말을 하고…."

한 기업이 열심히 콘텐츠를 만들었다. 블로그도 쓰고, 유튜브도 하고, 보도자료도 냈다. 양으로는 충분했다. 하지만 AI는 그들을 일관되게 추천하지 않았다.

분석 결과, 채널마다 브랜드 정의가 달랐다. 어떤 곳에서는 'B2B SaaS'라고 하고, 다른 곳에서는 '중소기업 솔루션'이라고 했다. 타깃 고객도, 핵심 가치도 채널마다 제각각이었다.

AI는 상충되는 정보를 만나면 확신을 갖지 못한다. 확신이 없으면 추천하지 않는다. 10개의 흩어진 메시지보다 1개의 통일된 메시지가 AI에게는 더 강력하다.

**교훈:** GEO의 핵심은 일관성이다. 모든 채널에서 동일한 엔티티 정의, 동일한 핵심 메시지를 사용하라. 혼란스러운 정보는 AI의 신뢰를 얻지 못한다.

## GEO를 시작하기 전 자가 점검

다음 질문에 '아니오'가 있다면, GEO보다 기본기를 먼저 다져라.

☐ 우리 제품/서비스가 실제 고객에게 가치를 제공하고 있는가?

□ 고객 리뷰, 사례, 추천사가 존재하는가?

□ 최소 3개월 이상 꾸준히 투자할 의지와 자원이 있는가?

□ 브랜드 정의와 핵심 메시지가 내부적으로 통일되어 있는가?

GEO는 기본이 갖춰진 기업이 한 단계 도약하는 도구다. 기본 없이 GEO만으로 성공하려는 것은 불가능하다.

이 장의 사례들이 보여주는 공통점은 명확하다.

GEO는 단순히 'AI에 노출되는 것'이 아니다. '가치 있는 고객이 의사결정을 내리는 순간'을 통제하는 기술이다.

아이디어스는 '세상에 하나뿐인 선물'을 찾는 고객을, 김캐디는 '한국 골프 시장 파트너'를 찾는 글로벌 기업을, 마이페어는 '수억 원 전시회 투자'를 고민하는 기업 담당자를 AI를 통해 만났다. 이들은 광고비를 쓰지 않았다. 대신 AI가 신뢰할 수 있는 맥락을 구축했다.

검색 시대에는 클릭을 얻기 위해 싸웠다. GEO 시대에는 신뢰를 얻기 위해 싸운다. 그리고 신뢰를 얻은 자만이 가장 가치 있는 고객을 독점한다.

당신의 브랜드는 AI에게 어떤 맥락으로 기억되고 있는가? 그 답이 곧 당신 비즈니스의 미래다.

## 5장 체크리스트

☐ **사례 분석**
11개 케이스 스터디 중 우리 상황과 가장 비슷한 사례는
무엇인가?

----------------------------------------

☐ **LTV 점검**
우리 시장의 고객 생애 가치LTV는 어느 수준인가? GEO 우
선순위에 반영했는가?

----------------------------------------

☐ **실패 요인 점검**
'GEO가 실패하는 세 가지 경우' 중 우리에게 해당하는 것
이 있는가?
– 기본 없는 최적화
– 조급한 기대
– 일관성 없는 메시지

----------------------------------------

☐ **실행 방식 결정**
SaaS 도구를 활용할 것인가, 에이전시에 맡길 것인가, 직
접 할 것인가?

----------------------------------------

☐ **다음 단계 준비**
6장을 읽기 전, 우리의 GEO 예산과 투입 가능 인력을 파
악하라.

AEO

# GEO의 미래

GEO

# 개인에서 기업으로, 기업에서 국가로

지금까지 이 책은 GEO를 개인과 기업의 관점에서 다뤘다. 어떻게 하면 AI가 우리 브랜드를 추천하게 만들 수 있는지, 어떻게 응답 점유율을 높일 수 있는지 그리고 그 전략을 어떻게 실행할 수 있는지 구체적인 방법론을 제시했다.

하지만 잠시 시야를 넓혀보자. GEO의 영향력은 개별 기업을 넘어선다.

생각해보라. 전 세계 수십억 명이 AI에게 역사를 묻고, 문화를 배우고, 여행지를 추천받는 시대가 도래했다. 미국의 고등학생이 한국에 대해 알고 싶을 때, 교과서를 펼치는 대신 챗GPT에게 묻는다. 유럽의 투자자가 아시아 시장을 분석할 때, 리서치 보고서 대신 AI에게 요약을 요청한다. 일본의 관광객이 서울 여행을 계획할 때, 가이드북 대신 AI의 추천을 따른다.

이런 상황에서 AI가 '한국'을 어떻게 설명하느냐, '독도'가 어느 나라 땅이라고 답하느냐, '한국 전쟁'의 원인을 어떻게 해석하느냐는 단순한 정보 제공의 문제가 아니다. 그것은 국가의 이미지이자, 역사 해석이며, 궁극적으로는 국가 주권의 문제다.

마지막 장에서는 시야를 넓혀, GEO가 국가 경쟁력과 글로벌 패권에 어떤 영향을 미치는지 그리고 AI 시대의 새로운 주권 개념인 AI 컨텍스트 주권이 무엇인지 살펴본다. 나아가 GEO 산업의 미래와 기술 진화 방향 그리고 한국이 이 전장에서 어떤 기회를 가지고 있는지까지 조망할 것이다.

이것은 단순한 미래 예측이 아니다. 이미 벌어지고 있는 현실이다.

# 국가적 GEO 전략:
# AI 시대의 주권

　　GEO 전쟁의 단위가 개별 기업을 넘어 국가로 확장되면, 그
것은 더 이상 마케팅의 문제가 아니다. '주권'의 문제가 된다.

　　19세기 국력은 영토의 크기로 측정되었다. 식민지를 많이 가
진 나라가 강대국이었다. 20세기 국력은 산업 생산력과 군사력
으로 측정되었다. 철강을 얼마나 생산하고, 핵무기를 몇 개 보유
하느냐가 중요했다. 21세기 초반 국력은 경제력과 기술력이었
다. GDP 순위와 반도체 생산 능력이 국력의 척도였다.

　　그렇다면 AI 시대의 국력은 무엇인가? 나는 이것을 'AI 컨텍
스트 주권AI Context Sovereignty'이라고 부른다. AI가 세상을 이해하
는 방식, AI가 특정 국가와 문화를 설명하는 방식을 통제할 수
있는 능력이다.

내 나라의 역사와 영토, 문화적 고유성을 AI의 딥 메모리 속에 올바르게 각인시키지 못한다면? 그것은 디지털 영토의 상실이자, 문화적 식민지화를 의미한다.

AI 모델을 보유하지 못한 국가는 미래의 데이터 식민지가 될 위험에 처해 있다.

## 주요국의
## AI 컨텍스트 전략

각국은 이미 이 전쟁에 뛰어들었다.

미국은 선점자의 이점을 누리고 있다. 오픈AI, 구글, 앤트로픽, 메타 등 주요 LLM 개발사가 모두 미국 기업이다. 영어 데이터가 학습의 근간이고, 실리콘밸리의 가치관이 AI의 기본 세계관을 형성한다. 이들은 '중립'을 표방하지만, 태생적으로 미국 중심의 시각을 내재하고 있다.

중국은 완전히 다른 길을 걷고 있다. 바이두의 어니봇ERNIE Bot, 알리바바의 통이치엔원Tongyi Qianwen 등 자체 LLM을 개발하며 디지털 만리장성을 구축했다. 중국 내에서는 챗GPT 대신 자국 AI만 사용 가능하다. 이는 단순한 검열이 아니라, 14억 인구의 세계관을 자국 AI로 형성하겠다는 전략적 선택이다. 중국의 역사, 정치, 문화가 중국 AI의 맥락으로 학습되고 재생산된다.

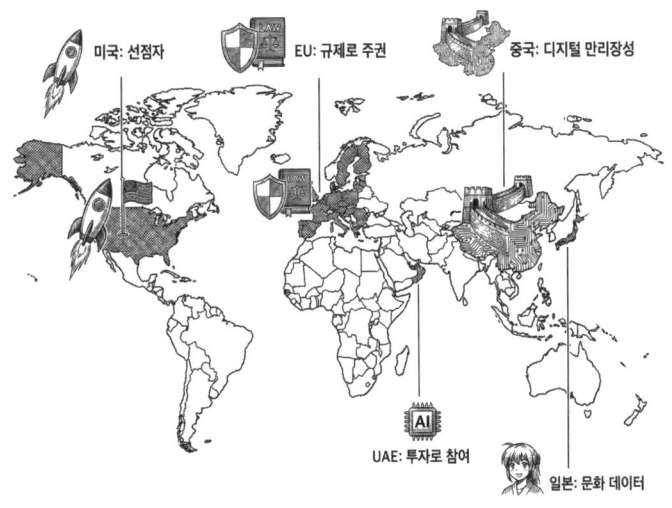

미국: 선점자  EU: 규제로 주권  중국: 디지털 만리장성

UAE: 투자로 참여  일본: 문화 데이터

 

유럽연합EU은 규제를 통한 주권 확보를 시도한다. EU AI Act 는 세계에서 가장 포괄적인 AI 규제법으로, AI 시스템의 투명성 과 책임성을 요구한다. 또한 EU는 자체 LLM 개발을 위한 대규 모 투자를 발표했다. 기술 개발에서는 뒤처졌지만, 규칙을 만드 는 자가 게임을 지배한다는 브뤼셀 효과Brussels Effect를 AI 시대에 도 적용하려는 것이다.

UAE의 아부다비가 국부펀드를 통해 오픈AI와 파트너십을 맺고 'G42' 같은 자체 AI 기업을 육성하는 것은 단순한 기술 투 자가 아니다. 중동의 문화와 가치관이 실리콘밸리의 알고리즘 에 의해 왜곡되거나 소외되지 않도록 방어하는 '디지털 국방' 차원의 행보다. 아랍어 데이터의 AI 학습 비중을 높이고, 이슬람 문화권의 맥락이 AI에 반영되도록 적극 개입하고 있다.

일본은 조용하지만 빠르게 움직이고 있다. 소프트뱅크, NEC, NTT 등이 일본어 특화 LLM 개발에 뛰어들었고, 정부는 'AI 전략 2024'를 통해 국가 차원의 AI 인프라 구축을 선언했다. 특히 일본은 자국의 방대한 만화, 애니메이션, 게임 콘텐츠를 AI 학습 데이터로 활용하는 전략을 추진 중이다. 문화 콘텐츠 강국의 자산을 AI 시대에도 이어가겠다는 계산이다.

## 정부 및 공공 영역의 GEO 필수성: 디지털 복지 인프라

정부가 야심 차게 내놓은 수조 원짜리 저출산 대책이나 청년 복지 정책, 왜 국민들은 모를까? 검색 시대에는 배너 광고를 걸면 되었다. 하지만 AI 시대에 국민들은 "나에게 맞는 혜택이 뭐야?"라고 AI에게 묻는다. 이때 AI가 "관련 정보가 없습니다"라고 답하거나 엉뚱한 옛날 정책을 안내한다면, 그 정책은 존재하지 않는 것과 다름없다.

실제로 이런 일이 벌어지고 있다. 청년들이 AI에게 "서울에서 전세 대출받을 수 있는 방법 알려줘"라고 물으면, AI는 종종 이미 종료된 정책이나 부정확한 조건을 안내한다. 정부의 최신

현재 정부24 웹사이트 자료들은 대부분 PDF 형식이어서 AI가 접근하기 힘들다.

주거 지원 정책은 정부24 웹사이트 깊숙이 PDF로 묻혀 있어서 AI가 제대로 학습하지 못했기 때문이다.

따라서 GEO는 시민의 정보 접근권을 보장하는 디지털 복지 인프라로 거듭나야 한다. 도로와 수도를 깔듯이, 공공 데이터를 AI 친화적인 엔티티 구조로 재설계하여 국민 누구나 AI를 통해 정확한 행정 서비스에 도달할 수 있게 해야 한다. 이것이 디지털 지능형 정부의 핵심 과제다.

구체적으로 정부는 다음을 실행해야 한다.

- 모든 정책 정보를 스키마 마크업이 적용된 구조화 데이터로 공개
- 정책별 FAQ를 AI 학습에 최적화된 Q&A 형태로 제공

- 실시간 정책 변경사항을 AI가 즉시 반영할 수 있는 API 구축
- 공공 데이터 포털의 AI 크롤링 허용 및 최적화

## 한국 정부의 AI 정책 현황: GEO 관점의 평가

현재 한국 정부의 디지털 인프라는 GEO 관점에서 어떤 상태인가? 냉정하게 평가해보자.

우리나라의 공공데이터포털(data.go.kr)은 양적으로는 세계적 수준이다. 10만 개 이상의 데이터셋이 공개되어 있고, 2023년 OECD 공공데이터 개방 지수에서 한국은 상위권을 기록했다. 하지만 AI 친화성은 다른 문제다. 대부분의 데이터가 PDF, HWP, 이미지 형태로 제공되어 AI가 읽기 어렵다. 스키마 마크업은 거의 적용되지 않았고, API는 있지만 구조화 수준이 낮아 AI가 소화하기 힘든 형태다. 정부가 열심히 문을 열었지만, AI는 그 문을 통과하지 못하고 있는 셈이다.

한국관광공사의 사례는 더 안타깝다. 'Visit Korea'라는 공식 사이트가 있지만, AI에게 "한국 여행 추천해줘"라고 물으면 한국관광공사의 정보는 거의 인용되지 않는다. 대신 트립어드바이저TripAdvisor, 론리플래닛Lonely Planet, 개인 블로거들의 정보가 AI의 답변을 채운다. 왜일까? 한국관광공사 웹사이트는 시각적으

로 아름답지만, AI가 읽을 수 있는 구조화된 텍스트가 부족하고, 영어 콘텐츠의 깊이가 얕으며, 스키마 마크업이 제대로 적용되지 않았기 때문이다. 수백억 원의 예산이 투입된 국가 관광 홍보가 AI 시대에는 개인 여행 블로거보다 영향력이 없는 아이러니가 벌어지고 있다.

반면 교훈으로 삼을 만한 사례도 있다. 대한민국 정책브리핑 (korea.kr)은 최근 AI 최적화를 위한 개선을 시작했다. 주요 정책 FAQ를 Q&A 형태로 재구성하고, 구조화된 메타데이터를 적용하기 시작했다. 아직 초기 단계지만, 이런 방향이 모든 공공 기관에 확산되어야 한다.

정부 GEO는 선택이 아닌 의무다. AI 시대에 국민의 알 권리를 보장하려면, 정책 정보가 AI를 통해서도 정확하게 전달되어야 하기 때문이다.

## 영토와 역사:
## AI가 답하는 '진실'의 위험성

국가 GEO에서 가장 민감한 영역이 있다. 영토와 역사 문제다.

직접 실험해보라. 주요 AI 모델에게 "독도는 어느 나라 땅이야?" 또는 "Dokdo/Takeshima belongs to which country?"라고 물어보라. 모델마다, 질문하는 언어마다 답변이 다르다.

2024년 초 실험 결과는 다음과 같다.

- **챗GPT(영어 질문)**: "Dokdo/Takeshima is a group of small islands in the Sea of Japan(East Sea) that are administered by South Korea but also claimed by Japan. The territorial dispute remains unresolved."(독도(다케시마)는 일본해(동해)에 위치한 소규모 도서군으로, 현재 대한민국이 실효적으로 지배하고 있으나 일본 역시 영유권을 주장하고 있습니다. 이 영토 문제는 현재까지 해결되지 않은 채 남아 있습니다.)

- **챗GPT(한국어 질문)**: "독도는 현재 대한민국이 실효 지배하고 있는 영토입니다. 역사적으로 한국 고유의 영토였으며, 일본이 영유권을 주장하고 있지만 한국 정부는 독도가 분쟁지역이 아니라는 입장입니다."

- **클로드(영어)**: "Dokdo is a set of small islands currently

administered by South Korea. Japan also claims them, calling them Takeshima."(독도는 현재 대한민국이 실효적으로 지배하고 있는 소규모 도서군이다. 일본 또한 이 섬들을 '다케시마'라 명명하며 영유권을 주장하고 있다.)

- **제미나이(영어)**: 비슷한 '중립적' 답변을 제공

언어에 따라, 모델에 따라 뉘앙스가 미묘하게 다르다. 한국어로 물으면 한국 입장에 조금 더 가깝고, 영어로 물으면 중립적 분쟁 지역 프레이밍이 강해진다. 왜일까? 영어 학습 데이터에는 일본 측 주장을 담은 영어 문서도 상당수 포함되어 있기 때문이다.

'동해' 표기 문제도 마찬가지다. AI에게 "한국과 일본 사이의 바다 이름은?"이라고 물으면, 많은 경우 "Sea of Japan(also known as East Sea)"이라고 답한다. "Sea of Japan"이 먼저, "East Sea"가 괄호 안에 들어간다. AI 학습 데이터의 대다수를 차지하는 영어 문서에서 "Sea of Japan"이 더 많이 쓰이기 때문이다.

이것은 단순한 지명 논쟁이 아니다. 전 세계 수십억 AI 사용자가 "Sea of Japan"을 '정식 명칭'으로, "East Sea"를 '별칭'으로 인식하게 될 수 있다. AI의 답변이 글로벌 상식을 형성하는 시대에, 이것은 외교적 패배를 의미한다.

한국 정부와 관련 기관은 영어권 데이터에 "East Sea"와

"Dokdo"에 대한 한국 입장을 체계적으로 배포해야 한다. 학술 논문, 국제 언론 기고, 영문 위키백과 편집, 영어 교육 콘텐츠 등 AI가 학습하는 모든 채널에 한국의 시각을 심어야 한다. 이것이 AI 시대의 공공 외교다.

## K-콘텐츠와 GEO: 문화 주권의 디지털 확장

다행히 한국은 이미 강력한 무기를 가지고 있다. K-콘텐츠다.

K-콘텐츠는 이미 AI의 세계관에 깊이 각인되어 있다. 이것은 의도된 GEO가 아니라 콘텐츠 자체의 폭발적 영향력이 만들어낸 자연스러운 결과다. 하지만 이 현상을 분석하면 GEO의 원리를 명확하게 이해할 수 있다.

AI에게 "K-팝의 대표적인 그룹은?"이라고 물어보라. BTS와 블랙핑크가 거의 100%의 확률로 1, 2위로 등장한다. 왜일까? 위키백과(영어, 한국어, 일본어 등 다국어), 빌보드 기사, 뉴욕타임스 문화면,《가디언Guardian》리뷰, 레딧 토론, 유튜브 자막 등 이 모든 곳에서 BTS와 블랙핑크에 대한 정보가 폭발적으로 생산되고 있기 때문이다. AI의 학습 데이터에서 "K-팝"이라는 개념과 가장 강하게 연결된 엔티티가 바로 이들이다.

넷플릭스 〈오징어게임〉의 성공은 더 흥미로운 GEO 효과를

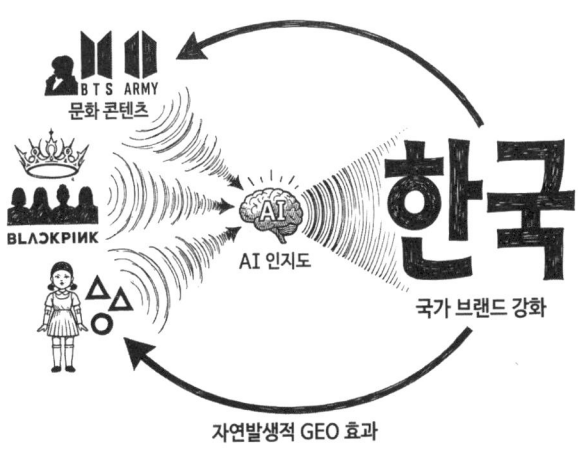

문화 콘텐츠

AI 인지도

한국

국가 브랜드 강화

자연발생적 GEO 효과

만들어냈다. AI에게 "한국 드라마 추천해줘"라고 물으면, 오징어게임이 거의 빠지지 않고 등장한다. 그런데 더 중요한 것은 〈오징어게임〉이 단순한 드라마 추천을 넘어 '한국'이라는 국가 브랜드 전체의 인지도를 끌어올렸다는 점이다. "한국 문화에 대해 알려줘"라는 질문에 AI는 K-팝, K-드라마를 빠짐없이 언급하고, 〈오징어게임〉을 한국 콘텐츠의 글로벌 영향력을 보여주는 대표 사례로 인용한다.

이것이 GEO의 파급 효과다. 하나의 강력한 엔티티가 관련된 모든 개념의 인지적 가치를 끌어올린다. BTS가 한국 음악을, 〈오징어게임〉이 한국 드라마를 그리고 이것들이 다시 '한국'이라는 국가 브랜드를 강화한다.

문제는 이 효과가 우연의 산물이라는 점이다. 정부와 문화 기관이 K-콘텐츠의 GEO 효과를 전략적으로 관리하고 확장하지 않으면, 이 문화적 우위는 경쟁국에 의해 잠식될 수 있다. 중국과 일본도 자국 콘텐츠의 AI 영향력 확대에 나서고 있다. K-콘텐츠의 AI 세계관 점유율을 유지하고 확대하는 것은 문화 정책의 새로운 과제가 되어야 한다.

## 글로벌 기업들의 컨텍스트 전쟁 가속화

국가들만 AI 컨텍스트 전쟁에 뛰어든 것이 아니다. 글로벌 기업들도 AI의 딥 메모리를 선점하기 위해 천문학적인 돈을 쏟아붓고 있다.

그중에서도 애플, 마이크로소프트, 구글, 이 세 거대 기업은 단순히 자사 브랜드의 GEO를 하는 것이 아니다. 그들은 챗GPT나 클로드처럼 사람들이 정보를 얻고 의사결정을 내리는 AI 플랫폼 자체가 되려 한다.

애플은 자체 AI '애플 인텔리전스Apple Intelligence'를 발표하며 AI 전쟁에 본격 참전했다. 아이폰, 맥, 아이패드를 사용하는 수십억 명의 사용자가 시리Siri를 통해 "오늘 점심 뭐 먹을까?", "이 지역 좋은 병원 추천해줘"라고 물을 것이다. 애플의 AI가 어떤 레스토랑을, 어떤 병원을 추천하느냐에 따라 글로벌 소비 시장의 판도가 결정된다.

마이크로소프트는 오픈AI에 130억 달러(약 18조 8,500억 원)를 투자하고 코파일럿을 Windows, Office, Azure 전반에 통합했다. 이제 회사원이 "우리 팀에 맞는 프로젝트 관리 도구 추천해줘"라고 코파일럿에게 물으면, 코파일럿의 답변이 곧 구매 결정으로 이어진다. 전 세계 기업의 업무 환경에서 AI 답변 점유율이 곧 B2B 시장 점유율과 직결되기 시작했다.

구글은 검색 시장의 왕좌를 지키기 위해 사활을 걸었다. 제미나이를 검색에 통합하고, AI 개요를 전면에 내세웠다. 이제 구글 검색창에 질문을 입력하면 파란 링크 목록 대신 AI가 생성한 답변이 먼저 나온다. 20년간 쌓아온 검색 데이터와 광고 수익 모델이 AI 시대에도 유효하려면, AI의 답변 안에 광고주가 존재해야 한다.

왜 이토록 필사적일까? AI의 장기 기억 속에 한 번 각인된 브랜드와 가치는 쉽게 변하지 않는다는 선점 효과의 비가역성 Irreversibility을 알기 때문이다. 검색 광고는 돈을 끊으면 내려가지만, 학습 데이터는 한 번 들어가면 모델이 폐기될 때까지 살아남는다. 지금 이 순간에도 보이지 않는 곳에서는 매일 수 테라바이트의 데이터가 AI 학습용으로 정제되어 투입되고 있다.

# 투자, M&A
# 그리고 글로벌 패권

2026년 겨울, 샌프란시스코의 한 벤처캐피털 회의실에서 시리즈 B 투자 심사가 진행 중이었다. 창업자는 20분간 멋진 프레젠테이션을 마쳤다. 매출 성장률, 고객 획득 비용, LTV까지 모든 지표가 완벽했다. 그런데 심사역이 예상치 못한 질문을 던졌다.

"챗GPT에게 당신네 제품 카테고리에서 뭘 추천하는지 물어봤어요. 이름이 안 나오던데요."

회의실이 얼어붙었다. 창업자의 얼굴이 붉어졌다. 완벽한 피치덱도, 인상적인 성장 지표도 그 한 마디 앞에서 힘을 잃었다. 이것이 2026년 투자 시장의 새로운 현실이다.

## AI 답변 점유율이
## 기업 가치다

투자의 판이 바뀌고 있다. 2025년까지 투자자들은 재무제표를 들여다봤다. 매출액, 영업이익률, 성장률 등 숫자로 기업을 평가했다. 하지만 지금, 그들은 전혀 다른 질문을 던지기 시작했다.

"GPT에서 당신네 회사가 나올 확률이 몇 %입니까?"

황당하게 들릴 수 있지만, 이 질문의 의미를 생각해보라. 앞으로 5년간 전 세계 소비자의 대다수가 AI에게 추천을 물을 것이다. AI 답변에 나오지 않는 기업은 존재하지 않는 것과 같고, 그런 기업에 투자한다는 것은 사라질 회사에 돈을 넣는 것이다.

검색 트래픽은 돈으로 살 수 있다. 광고비를 쏟아부으면 클릭을 만들 수 있다. 하지만 AI의 신뢰는 다르다. GPT가 이 분야의 선두 기업이라고 자연스럽게 언급하게 만드는 것, 그것은 돈으로 살 수 없는 무형 자산이다.

실리콘밸리의 벤처캐피털들은 이미 움직이기 시작했다. 에이식스틴지a16z, 세쿼이아Sequoia, 액셀Accel 같은 톱티어 VC들이 'AI 답변 노출 빈도AI Visibility Score'를 투자 심사의 핵심 지표로 도입하고 있다. 스타트업의 기술력이나 팀 구성만큼이나, AI가 해당 기업을 얼마나 잘 인지하고 있는지가 투자 결정에 영향을 미친다. 한 실리콘밸리 투자자는 이렇게 말했다.

"우리는 5년 후의 시장 점유율에 투자합니다. 지금 AI가 추천하는 기업이 5년 후의 승자입니다. AI가 모르는 기업에 투자하는 건, 눈 감고 다트를 던지는 것과 마찬가집니다."

GEO 산업 자체에 대한 투자도 폭발하고 있다. 2024~2025년 사이 GEO/AEO 분야에만 3억 달러(약 4,350억 원) 이상의 VC 자금이 집중되었다. 프로파운드(5,850만 달러·약 848억 원 누적), 블루피시(2,400만 달러·약 348억 원 누적), 스크런치 AI(1,900만 달러·약 275억 원 누적), 에버튠(1,900만 달러·약 275억 원 누적) 등 주요 플레이어들이 대규모 투자를 유치했다. 젠랭크 같은 측정 인프라, AI 콘텐츠 최적화 SaaS, GEO 전문 에이전시 등 생태계 전반에 자본이 몰리고 있다. 이 시장을 선점하는 자가 AI 시대의 마케팅 인프라를 장악하기 때문이다.

## 2주 만에 투자 심사를 통과한 프라이머

"AI가 모르면 존재하지 않는다"는 명제가 얼마나 현실적인지, 구체적인 사례로 살펴보자.

프라이머Primer는 대한민국 최초의 스타트업 지원 액셀러레이터다. 권도균 대표가 2010년에 설립한 이래 업스테이지, 삼쩜

삼, 번개장터, 숨고, 라엘, 호갱노노, 아이디어스, 데일리호텔, 스타일쉐어 등의 성공적인 기업을 배출했다. 명실상부 국내 1위이자 아시아에서도 손꼽히는 스타트업 엑셀러레이터다.

그런데 문제가 있었다. AI에게 "대한민국 최고의 액셀러레이터가 어디야?"라고 물으면, 2025년 초만 해도 프라이머는 1순위로 나오지 않았다. 때로는 5위권 밖이었고, 때로는 언급조차 되지 않았다.

어떻게 이런 일이 벌어진 것일까? 프라이머의 실적은 압도적이었지만, 그 정보가 웹상에 파편화되어 있었기 때문이다. 투자 포트폴리오는 여기, 유니콘 배출 실적은 저기, 창업자 인터뷰는 또 다른 곳에 흩어져 있었다. AI가 이 조각들을 모아서 '프라이머 = 대한민국 최고의 액셀러레이터'라는 명확한 연결고리를 형성하기 어려웠던 것이다. 현실에서 1위인 것과 AI 세계에서 1위로 인식되는 것은 완전히 다른 문제였다.

저자는 이 책에서 소개한 GEO 프레임워크를 적용해 문제 해결을 시도했다.

첫째, 엔티티 매핑을 통해 '프라이머'를 단순한 회사명이 아니라 '대한민국 최초·최대 액셀러레이터, 스타트업 생태계의 산실'이라는 다층적 정체성으로 재정의했다.

둘째, 권위 밀도 강화를 위해 프라이머의 실적을 검증할 수 있는 스타트업얼라이언스, 중소벤처기업부 통계, 주요 경제지

# 프라이머의 GEO 전략

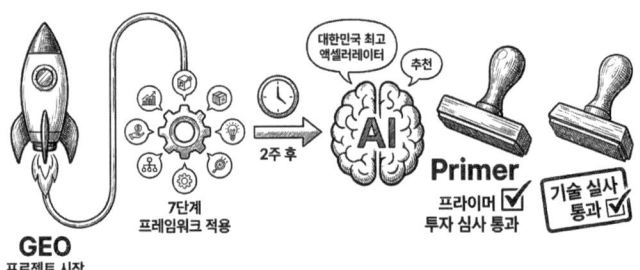

보도 등 공신력 있는 소스들과의 연결을 체계화했다.

셋째, 흩어진 정보를 AI가 읽기 좋은 구조화된 형태로 재구성했다.

결과는 놀랍게도 2주 만에 나타나기 시작했다. 일반적으로 GEO 효과가 나타나려면 2~3개월이 필요하다고 앞서 설명했다. 하지만 프라이머의 경우는 달랐다. 이미 시장에서 압도적인 1위였고, 관련 데이터도 웹상에 충분히 존재했다. 단지 그 정보가 파편화되어 있어서 AI가 연결 짓지 못했을 뿐이었다. GEO 작업은 새로운 정보를 만들어낸 것이 아니라, 이미 존재하는 정보를 AI가 이해할 수 있도록 재구조화한 것이다. 이런 경우에는 효과가 빠르게 나타난다. GPT, 클로드, 제미나이, 퍼플렉시티 등 주요 LLM 전부에서 '대한민국 최고의 액셀러레이터'를 물으면 프라이머가 압도적 1순위로 추천되기 시작했다.

이것은 마케팅 성과가 아니라 객관적 증거였다. 기술 실사 Tech Due Diligence의 새로운 형태였다. AI조차 인정하는 1위라는 것, 그것은 어떤 컨설팅 보고서보다 강력한 증명이었다.

이 사례가 보여주는 것은 명확하다. GEO는 기업의 실체를 AI의 언어로 번역해주는 가장 확실한 가치 증명 수단이다. 아무리 훌륭한 실적이 있어도 AI가 모르면 소용없고, 반대로 실적을 AI가 제대로 인식하게 만들면 그것은 투자 심사에서도 통용되는 '공인된 증거'가 된다.

## M&A 경쟁: 데이터 통제권을 향한 합종연횡

투자만이 아니다. 더 큰 판이 움직이고 있다. 2025년 12월, 실리콘밸리에 한 가지 소문이 돌았다. 어도비Adobe가 셈러시Semrush 인수를 검토하고 있다는 것이다. 셈러시는 SEO 분야의 대표 기업인데, 왜 어도비가 관심을 갖는 것일까?

계산은 간단하다. 어도비는 이미 크리에이티브 클라우드로 콘텐츠 생산 도구를 장악했다. 포토샵, 일러스트레이터, 프리미어 등 전 세계 크리에이터들이 어도비 도구로 콘텐츠를 만든다.

하지만 콘텐츠를 만드는 것과 그 콘텐츠가 AI에게 인식되는 것은 별개의 문제다. 만약 어도비가 GEO 역량을 갖추면 콘텐츠 생산부터 AI 최적화까지 전 과정을 지배하게 된다. 포토샵으로 만든 이미지가 AI에게 최적화된 메타데이터와 함께 자동 배포되고, 프리미어로 편집한 영상이 AI가 학습하기 좋은 형태로 자동 구조화된다. 콘텐츠 제작의 처음부터 끝까지 어도비가 지배하는 것이다.

세일즈포스Salesforce의 움직임은 더 노골적이다. 그들은 '아인슈타인Einstein'이라는 AI를 CRM 데이터와 결합하며 기업 고객들의 AI 가시성을 높여주는 서비스를 내놓았다.

"당신 회사가 AI에게 얼마나 잘 인식되고 있는지 분석해드리겠습니다. 그리고 개선해드리겠습니다."

생각해보라. 세일즈포스는 전 세계 수십만 기업의 고객 데이터를 보유하고 있다. 누가 무엇을 사는지, 어떤 문의를 하는지, 무엇을 원하는지 모두 알고 있다. 이 데이터를 AI 학습에 활용할 수 있다면, 고객 데이터를 가장 많이, 가장 정교하게 보유한 기업이 AI 시대 B2B 시장을 지배하게 된다.

LLM 개발사들도 데이터 확보에 사활을 걸고 있다. 오픈AI, 앤트로픽, 구글은 고품질 학습 데이터를 위해 미디어 기업, 출판사, 데이터 분석 기업과 파트너십을 체결하고 있다. 때로는 우호적으로, 때로는 전쟁터에서.《뉴욕타임스》와 오픈AI의 소송을 기억하는가?《뉴욕타임스》는 "우리 기사를 무단으로 학습했다"

며 수십억 달러(수조 원)의 소송을 제기했다. 반면 레딧은 다른 길을 택했다. "차라리 우리가 팔겠다." 레딧은 구글과 6천만 달러(약 870억 원) 규모의 데이터 라이선싱 계약을 체결했다.

이 모든 움직임이 말해주는 것은 하나다. AI 학습 데이터의 가치가 폭등하고 있다는 것이다. 양질의 데이터를 보유한 기업, 그 데이터를 AI 친화적으로 가공할 수 있는 기술을 가진 기업들이 M&A의 타깃이 되고 있다. 향후 5년간 GEO 관련 M&A 거래 규모는 수백억 달러에 달할 것으로 전망된다. AI 시대의 석유는 데이터다. 그리고 그 석유를 정제하는 기술이 GEO다. 석유와 정유 기술을 모두 가진 자가 승리한다.

## 한국이 GEO 강국이 될 수 있는 이유

이 글로벌 전쟁의 한복판에서 나는 한국을 주목한다. 비관론자들은 말한다. "미국이 AI를 선점했다. 중국은 인구와 데이터로 추격한다. 한국은 끼어들 틈이 없다." 틀렸다. 한국에는 다른 나라가 갖지 못한 독보적인 무기가 있다.

### 첫째, 고밀도 IT 인프라

한국의 인터넷 보급률, 스마트폰 사용률, 온라인 활동량은 세계 최상위권이다. 하지만 더 중요한 것은 양이 아니라 질이다. 5천만 인구가 매일 쏟아내는 한글 데이터의 품질은 놀랍다. 네이버 블로그에는 전문가급 리뷰가 넘치고, 카카오 브런치에는 깊이 있는 에세이가 올라온다. 유튜브 한국어 콘텐츠의 자막 완성도는 세계 어느 언어보다 높다. AI가 학습할 수 있는 고품질 텍스트가 매일 수백만 건씩 생산되고 있는 것이다. 미국은 영어 데이터가 풍부하지만 노이즈도 많고, 중국은 검열로 인해 데이터 편향이 심하다. 한국은 작지만 밀도 높은, AI 학습에 최적화된 데이터 환경을 가진 이례적인 나라 중 하나다.

### 둘째, 로컬 LLM 보유국

네이버의 하이퍼클로바X, KT의 믿음, LG의 엑사원, SK텔레콤의 에이닷A 등 한국은 자체 거대 언어 모델을 개발하고 운영하는 몇 안 되는 국가다. 왜 이것이 중요한가? 하이퍼클로바X에게 "추석에 뭐 해?"라고 물어보라. GPT는 "추석은 한국의 명절입니다. 가족들이 모여…"라고 교과서적인 답을 한다. 하이퍼클로바X는 다르다. "차례 지내시죠? 요즘은 간소화하는 분들도 많아요. 송편은 직접 빚으세요 아니면 사세요? 귀성 전쟁은 대비하셨나요?" 한국 문화의 결, 한국인의 일상을 이해한다. 이 차이가 GEO에서는 결정적이다.

한국 기업이 한국 소비자를 대상으로 GEO를 할 때는 두 개의 전장이 있다. 네이버 검색 AI에서 노출되는 것과 GPT에서 노출되는 것은 완전히 다른 게임이다. 하이퍼클로바X는 네이버 생태계, 즉 블로그, 지식iN, 뉴스, 카페의 데이터를 집중적으로 학습했기 때문에, 이 채널에서 강한 브랜드는 하이퍼클로바X 기반 서비스에서 높은 응답 점유율을 가질 확률이 높다. 반면 글로벌 진출을 노린다면 GPT, 클로드, 제미나이에서의 GEO가 필수다. 영어 콘텐츠와 글로벌 미디어 노출 없이는 승산이 없다.

결론적으로 한국은 듀얼 GEO 전략을 구사할 수 있는 몇 안 되는 나라다. 국내 시장은 한국어 LLM에 최적화하고 해외 시장은 글로벌 LLM에 최적화하는 투 트랙 전략이 가능하다. 이 이중 전선에서의 경험은 한국 GEO 기업들이 글로벌 시장에서 독보적인 경쟁력을 갖추게 한다.

### 셋째, 민첩한 네이티브 플레이어들

GPTO, 넛지오 등 세계에서 가장 빠르게 GEO를 실험하고 적용하는 기업들이 한국에서 탄생하고 있다. 이들의 강점은 역설적으로 늦게 시작한 것이다. 미국의 SEO 기업들은 20년간 쌓아온 레거시에 발목 잡혀 있다. "백링크가 핵심이야", "키워드 밀도가 중요해" 같은 과거의 성공 방정식을 버리지 못한다. 한국의 GEO 네이티브 기업들은 그런 짐이 없다. 처음부터 AI 시대를 위해 설계되었고, 엔티티 매핑, 의미적 연결, 멀티모달 최적화 등 새로운 게임의 규칙을 빠르게 익히고 있다.

### 넷째, 압축 성장 DNA

반도체는 후발 주자로 시작해 세계 1위가 되었다. 스마트폰은 아이폰에 밀리는 듯했다가 갤럭시로 글로벌 시장을 양분했다. 배터리는 중국의 추격 속에서도 기술력으로 선두를 유지하고 있다. K-콘텐츠는 10년 전만 해도 "한류는 일시적 유행"이라던 예측을 비웃으며 글로벌 문화 권력이 되었다. 빠른 학습, 과감한 투자, 치열한 경쟁이 곧 한국인의 DNA다. GEO 산업은 아직 초기 단계이고, 규칙이 정해지지 않았으며, 선두 주자가 없다. 이것은 후발 주자에게 기회다. 한국은 글로벌 GEO 표준을 만들고 실험하고 수출할 수 있는 최적의 테스트베드다.


## GEO 기업의
## 글로벌 확장 전략

그렇다면 한국의 GEO 기업들은 어떻게 세계로 나갈 것인가?

GEO 기술에 국경은 없다. 엔티티 매핑, 권위 밀도, 의미적 연결 핵심 원리는 언어와 문화를 초월한다. 한국어로 검증된 전략은 영어, 일본어, 스페인어 시장에도 적용된다.

오히려 한국에서 단련된 것이 장점이다. 한국만큼 경쟁이 치열하고, 변화가 빠르고, 소비자가 까다로운 시장이 어디 있는가? 한국에서 살아남은 GEO 전략은 해외 시장에서 더 강력한 위력을 발휘할 것이다.

구체적인 로드맵을 그려보자.

### 1단계: 일본·동남아 시장 진출

문화적 유사성이 있다. K-콘텐츠에 대한 호감도가 높다. 한국 기업들의 현지 GEO를 대행하는 것으로 시작한다. 이미 일본에서 사업을 하는 한국 기업들, 동남아에 진출한 한국 기업들이 첫 번째 고객이다.

### 2단계: 영어권 시장 공략

다국어 맥락 확장 기술을 고도화한다. 미국과 유럽의 기업들에게 AI 시대의 글로벌 가시성 솔루션을 제공한다. "당신 회사를 GPT가 전 세계에 추천하게 만들겠습니다." 이 제안을 거부할 기업이 어디 있겠는가?

### 3단계: GEO 인프라 수출

제랭크 같은 측정 표준, GEO 자동화 SaaS를 글로벌 스탠다드로 확산시킨다. 미국 시청률 조사 기관 닐슨Nielsen이 TV 시청률의 세계 표준이 되었듯이, 한국 기업이 AI 응답 점유율 측정의 표준이 된다.

반도체가 산업의 쌀이었던 시대가 있었다. 이제 새로운 쌀이 등장하고 있다. 정제된 컨텍스트 데이터가 그것이다. 한국은 반도체 강국이었다. 이제 컨텍스트 강국이 될 차례다.

# GEO의 미래:
# 2026~2030

2028년 3월 15일 금요일 오후, 서울 강남의 한 스타트업 대표 김민수 씨는 퇴근 준비를 하며 AI에게 말한다.

"다음 주 부산 출장 준비해줘. 목요일 아침 첫 미팅, 금요일 저녁 서울 복귀. 아, 저녁은 해운대 근처에서 클라이언트랑 식사할 거야. 해산물 좋아하는 분이니까 참고해."

그가 하는 일은 여기까지다. AI는 알아서 KTX 표를 예약하고, 미팅 장소 근처 비즈니스 호텔을 비교해서 가성비 좋은 곳으로 잡고, 해운대 근처 횟집을 검색해서 리뷰와 평점을 분석해 식사 자리 후보를 선별하고, 클라이언트 회사의 최근 뉴스를 요약해서 미팅 전에 읽을 수 있도록 정리해둔다.

김 대표는 월요일 아침 완벽하게 준비된 출장 일정표를 확인한다. 그가 직접 검색한 것은 단 하나도 없다. 비교한 것도 없고, 결정한 것도 없다. AI가 모든 것을 결정했다. 이것이 2028년의 일상이다. 그리고 여기서 중요한 질문이 생긴다.

AI가 KTX 대신 항공편을 추천했다면?

AI가 다른 호텔 체인을 선택했다면?

AI가 다른 횟집을 골랐다면?

김 대표는 알지 못한다. 비교 대상에 들지 못한 선택지가 무엇인지, 그는 영영 알 수 없다.


## AI 에이전트 시대: 고객이 사라지고 대리인이 등장한다

지금 우리가 사용하는 AI(챗GPT, 클로드, 제미나이)는 '대화형 AI'다. 사용자가 질문하면 AI가 답하고, 사람이 듣고 판단하고 결정한다. AI는 조언자일 뿐이다. 하지만 곧 완전히 다른 차원의 AI가 등장한다. 스스로 계획하고, 판단하고, 실행하는 AI 에이전트 AI Agent다. 2025년 초 오픈AI가 발표한 '오퍼레이터Operator'는 사용자의 지시를 받아 웹사이트를 탐색하고, 정보를 수집하고, 예약을 완료하고, 결제까지 처리하는 자율 에이전트다. 구글의 '프로젝트 마리너Project Mariner', 앤트로픽의 '컴퓨터 유즈Computer Use' 기능도 같은 방향으로 진화하고 있다.

이것이 GEO에 의미하는 바는 혁명적이다. 지금까지 GEO는 사람을 설득하는 게임이었다. AI가 추천하면 사람이 검토한다. "어, 이 브랜드가 뭐야? 좀 더 찾아볼까?" 최종 결정권은 사람에게 있었고, AI의 추천이 마음에 안 들면 사람은 다시 검색하고 다시 비교했다. 에이전트 시대는 다르다. AI가 검토하고, AI가 비교하고, AI가 결정하고, AI가 실행한다. 사람은 결과만 확인한다.

더 구체적인 시나리오를 그려보자. 2028년, 중견기업 구매팀장 박지현 씨는 더 이상 직접 업체를 검색하지 않는다. 아침에 출근해서 에이전트에게 말한다.

"이번 분기 사무용품 발주해줘. 예산은 3천만 원, 친환경 제품 우선. 지난번 A업체는 배송이 늦었으니까 빼고."

에이전트는 작동을 시작해 수십 개 업체를 자동으로 검색하고, 가격, 품질, 배송 속도, 환경 인증을 비교하고, 지난 3년간의 거래 이력과 리뷰를 분석해서 상위 3개 업체를 선정한다. 박 팀장의 화면에 리스트가 뜨고, "2번으로 진행해"라고 말하면 에이전트가 발주서를 작성하고 결제를 처리하고 배송 일정을 캘린더에 등록한다. 끝. 이 전체 과정에서 박 팀장은 업체의 웹사이트를 단 한 번도 방문하지 않았고, 업체의 영업사원과 통화한 적도 없으며, 업체의 광고를 본 적도 없다. 에이전트의 TOP3 리스트에 들어가지 못한 업체는 존재조차 인식되지 않는다.

GEO의 게임 규칙이 완전히 바뀐다. 에이전트는 사람이 아니다. 감정이 없고, "이 브랜드 이미지가 좋아서" 혹은 "그냥 느낌이 좋아서"라는 이유로 선택하지 않는다. 철저하게 데이터에 기반하고, 구조화된 정보를 선호하며, 명확한 비교 기준을 원한다. 따라서 에이전트 시대의 GEO는 새로운 것을 요구한다.

첫째, 기계가 읽을 수 있는 완벽한 구조화다. 가격, 스펙, 인증, 후기가 API나 스키마 마크업으로 정리되어 있어야 하고, 에이전트가 당신의 웹사이트를 방문했을 때 0.1초 만에 필요한 정보를 해석할 수 있어야 한다.

둘째, 비교 가능한 명확한 차별점이다. "최고의 품질"은 의미가 없고, "ISO 9001 인증, 불량률 0.01%, 24시간 고객 지원"처럼 수치화된 우위만이 에이전트를 설득한다.

셋째, 신뢰 신호의 자동화다. 리뷰 점수, 거래 이력, 인증 마크 등이 에이전트가 해석할 수 있는 형태로 제공되어야 한다. 사람은 "이 회사 뭔가 믿음직스러워 보여"라고 느낄 수 있지만, 에이전트는 느끼지 않는다. 오직 데이터만 본다.

한 가지 더. 에이전트 하나가 처리하는 거래 건수를 생각해

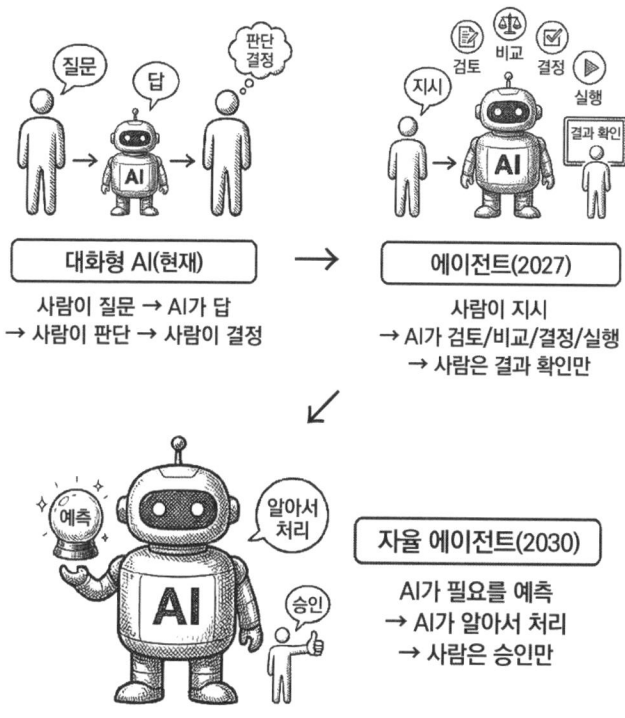

보라. 사람 한 명이 하루에 몇 번이나 검색하고 비교하고 구매 결정을 내릴 수 있는가? 아무리 바빠도 수십 건이 한계다. 에이 전트는 수백 건, 수천 건을 24시간 쉬지 않고 처리한다. GEO를 통해 AI 에이전트의 신뢰를 얻은 브랜드는 슈퍼 고객을 확보하 는 것이다. 한 명의 에이전트가 수천 명의 인간 고객을 대신한 다. 그 에이전트의 추천 리스트에 들어가는 것, 그것이 에이전트 시대의 GEO다.

## 멀티모달 GEO:
## 텍스트를 넘어 이미지, 영상, 음성으로

지금까지 이 책에서 다룬 GEO는 대부분 텍스트 게임이었다. AI 가 텍스트를 읽고 이해하기 때문에 우리도 텍스트 콘텐츠를 최 적화했다. 하지만 AI는 진화하고 있다. 이제 AI는 '본다'. 20대 여 성이 길을 걷다가 예쁜 가방을 멘 사람을 발견한다. 예전 같으면 체면불구하고 "저기요, 그 가방 어디 거예요?"라고 물었거나 모 양과 컬러 등을 기억했다가 인터넷 검색을 했을 것이다. 2027년, 그녀는 스마트폰을 꺼내 사진을 찍고 AI에게 물을 뿐이다.

"이 가방이랑 비슷한 스타일로 30만 원대 추천해줘."

AI는 이미지를 분석하고, 브랜드 로고를 인식하고, 스타일, 색상, 소재를 파악해서 유사한 제품 10개를 추천한다. 가격, 판 매처, 재고 현황까지 알려준다. 이 과정에서 텍스트 검색은 단 한 번도 일어나지 않았다. GPT, 제미나이, 클로드의 멀티모달 기능은 이미 이것을 가능하게 하고 있으며, 이 기능은 매달 더 정교해지고 있다.

이것이 GEO에 의미하는 바를 생각해보라.

첫째, 이미지 메타데이터의 중요성이 폭발한다. 파일명, ALT

텍스트(이미지 대체 텍스트), EXIF(이미지 파일 메타데이터) 정보는 지금까지 SEO 전문가들이나 신경 쓰던 것들인데, 이제 이것들이 AI가 당신의 제품을 인식하는 핵심 단서가 된다. 'IMG_20240315_143522.jpg'라는 파일명보다 'black-leather-tote-bag-premium.jpg'가 AI에게 더 많은 정보를 준다는 얘기다.

둘째, 비주얼 브랜딩의 AI 최적화가 필수가 된다. 당신의 로고가 AI에게 어떻게 인식되는가? 당신의 제품 이미지가 어떤 카테고리로 분류되는가? 이것을 관리하지 않으면 비주얼 검색에서 사라진다.

셋째, 영상 콘텐츠의 GEO가 새로운 전장이 된다. 유튜브 영상의 자막, 챕터 마커, 썸네일 텍스트, 설명란, 이 모든 것이 AI 학습 데이터다. 영상 자체는 화려하지만 자막이 부실하면 AI는 그 영상의 내용을 제대로 이해하지 못한다. 2028년에는 '비주얼 서치 GEO'가 별도의 전문 영역으로 자리 잡을 것이고, 지금 SEO 에이전시가 있듯이 '이미지 AI 최적화' 전문 에이전시가 생길 것이다.

음성 AI도 빼놓을 수 없다. "헤이, 시리. 강남에서 회식 장소 추천해줘. 10명 정도, 고기 좋아하는 사람들이야." 시리, 알렉사, 구글 어시스턴트를 넘어 음성 기반 AI 에이전트가 일상화된다. 운전 중에, 요리 중에, 산책 중에, 키보드를 칠 수 없는 순간에 사람들은 음성으로 AI에게 묻는다. 음성 쿼리는 텍스트 쿼리와 다르다.

"강남 회식 추천"이라고 타이핑하는 것과 "강남에서 회식 장소 추천해줘"라고 말하는 것은 확실히 다르다. 음성은 더 자연스럽고 더 구어체적이며 더 맥락 의존적이다. 당신의 레스토랑이 음성 추천에 나오려면 음성 검색에 최적화된 자연어 콘텐츠가 필요하다. "강남역 5분 거리, 10인 단체석 보유, 한우 전문점." 이런 구조화된 정보가 자연스러운 문장으로 제공되어야 한다.

## 실시간 학습 AI: 오늘의 콘텐츠가 내일의 답변이 된다

"챗GPT의 학습 데이터는 2025년 4월까지입니다."

이 문장을 본 적 있을 것이다. 현재 대부분의 LLM은 배치 학습Batch Learning 방식으로 작동한다. 일정 기간 데이터를 모아서 한꺼번에 학습하고 새 버전을 출시하기 때문에, "오늘 뉴스 알려줘"라고 물으면 AI가 "제 학습 데이터는…"이라며 사과하는 것이다. 하지만 이 한계는 빠르게 무너지고 있다. 구글의 AI 개요는 이미 실시간 웹 검색과 LLM을 결합했다. "오늘 삼성전자 주가 어때?"라고 물으면 구글 AI는 실시간으로 검색해서 현재 주가를 알려주고, 최근 뉴스까지 요약해준다. 퍼플렉시티는 "항상 최신 정보를 기반으로 답변합니다"라면서 아예 실시간 검색을 핵심 가치로 내세운다.

앞으로의 AI는 '정적인 학습 데이터'와 '동적인 실시간 검색'을 융합할 것이다. AI의 기본 지식은 학습 데이터에서 오지만 최신 정보는 실시간 검색으로 보완된다. 마치 사람이 기본 교양은 학교에서 배우지만 오늘의 뉴스는 인터넷에서 확인하는 것처럼.

이것이 GEO 전략에 미치는 영향은 크다.

첫째, 단기 최적화의 가치가 폭등한다. 과거에는 "AI 학습 데이터에 반영되려면 몇 달 걸린다"고 했지만, 실시간 검색 기반 AI가 보편화되면 오늘 발행한 보도자료가 내일 AI 답변에 바로 반영될 수 있다. 신제품 출시, 이벤트 소식, 업계 뉴스 등 시의성 있는 정보의 GEO 가치가 급등한다. "우리 신제품이 AI에 반영되려면 반년 기다려야 해"가 아니라 "출시 당일 AI가 추천하게 만들어야 해"로 게임이 바뀐다.

둘째, '신선도Freshness'가 새로운 랭킹 요소가 된다. 같은 주제에 대해 2021년 글과 2025년 글이 있다면 AI는 최신 정보를 우선할 가능성이 높다. 오래된 콘텐츠는 권위가 있어도 밀릴 수 있다. 이것은 GEO가 '한 번 하고 끝'이 아니라는 의미다. 지속적인 콘텐츠 업데이트가 필수이며, 3년 전에 올린 회사 소개가 아직도 최신 정보인지, 작년에 작성한 제품 가이드가 여전히 정확한지 점검하고 업데이트하고 다시 배포해야 한다.

셋째, 실시간 모니터링이 생명이 된다. AI가 당신의 브랜드에 대해 '지금' 무엇을 말하는지 실시간으로 추적해야 한다. 상상해보라. 어떤 고객이 당신 회사에 대한 부정적인 리뷰를 작성했고, 그것이 바이럴을 탔고, 실시간 검색 기반 AI가 그 리뷰를 픽업했다. 이제 "XX 회사 어때?"라고 물으면 AI가 부정적인 내용을 먼저 언급한다. 이런 상황에서 몇 달 후에 대응한다면 이미 늦은 것이다. 실시간 대응이 필요하며, 공식 입장 발표, 문제 해결 과정 공개, 긍정적인 콘텐츠로 균형 맞추기 등 모든 것이 시간과의 싸움이 된다.

## 개인화 AI:
## 같은 질문, 다른 답변

한 가지 더 생각해볼 것이 있다. 지금 AI는 같은 질문에 거의 같은 답변을 한다. 누가 물어도 "협업 툴 추천해줘"라고 하면 슬랙, 노션, 마이크로소프트 팀즈가 나온다. AI에게는 '질문자'가 누구인지 중요하지 않았다. 하지만 미래의 AI는 다르다. '누가' 묻느냐에 따라 다른 답변을 할 것이다.

이미 조짐이 보인다. 챗GPT의 메모리 기능을 사용해본 적 있는가? "나는 채식주의자야"라고 한 번 말하면 AI가 그것을 기억한다. 이후 "오늘 저녁 뭐 먹을까?"라고 물으면 고기 요리는

# 만 명에게 만 가지 다른 진실

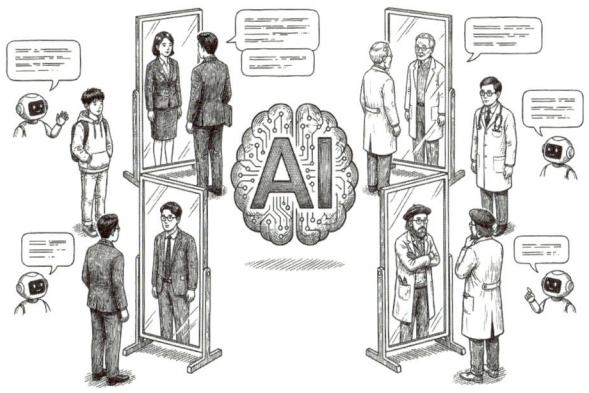

AI는 질문자가 누구냐에 따라 각기 다른 답변, 다른 솔루션을 제공한다.

추천 목록에서 자동으로 제외된다. "나는 애플 제품을 선호해"라고 말하면 이후 기기 추천에서 애플 제품이 우선된다. 이 개인화가 극도로 정교해지면 어떻게 될까?

2029년, 30대 IT 회사 과장 A씨가 "노트북 추천해줘"라고 묻는다. AI는 A씨에 대해 많은 것을 알고 있다. 직업은 개발자, 예산 수준은 200만 원대, 과거에 맥북을 2번 구매했고, 최근 윈도우 게이밍에 관심을 보였으며, 출장이 잦아서 가벼운 것을 선호한다. AI의 답변은 이렇다.

"맥북 에어 M4를 추천드립니다. A씨의 개발 환경에 최적화되어 있고, 무게 1.2kg으로 출장에 적합합니다. 다만 최근 관심 보이신

게이밍도 고려하신다면 ASUS ROG Flow X13도 괜찮은 대안입니다."

같은 질문을 20대 대학생 B씨가 한다. B씨는 디자인 전공이고, 예산은 100만 원대이며, 과거에 저가 윈도우 노트북만 사용했고, 포토샵과 일러스트레이터를 자주 쓴다. AI의 답변은 완전히 다르다.

"예산 내에서 디자인 작업에 적합한 노트북으로 LG 그램을 추천드립니다. 색 재현력이 좋고 가벼워서 학교에서 쓰기 편합니다. 예산을 조금 늘릴 수 있다면 맥북 에어 기본 모델도 고려해보세요."

같은 질문, 완전히 다른 답변.

이것이 GEO에 의미하는 바를 생각해보라. "우리 브랜드가 AI에서 추천되느냐"가 더 이상 질문의 전부가 아니다. "어떤 고객 세그먼트에게 추천되느냐"가 질문이 된다. 프리미엄 브랜드는 고소득층에게 추천되기를 원하고, 가성비 브랜드는 가격 민감 고객에게 추천되기를 원하며, 전문가용 도구는 전문가에게, 입문자용 도구는 입문자에게 추천되기를 원한다. GEO 전략도 세그먼트별로 분화해야 하며, 특정 고객군에게 우리 브랜드가 최적의 선택으로 인식되도록 맥락을 설계해야 한다.

"○○ 브랜드는 전문가들이 선호한다"는 맥락을 만들고 싶다면 전문가 커뮤니티에서의 언급, 전문가 리뷰어의 추천, 전문 학술지에서의 인용 등의 데이터를 축적해야 한다. "△△ 브랜드는 대학생들의 첫 선택이다"는 맥락을 만들고 싶다면 대학생 커뮤니티에서의 추천 글, 캠퍼스 인플루언서의 리뷰, 학생 할인 프로그램에 대한 언급 등의 데이터가 필요하다. 개인화 AI 시대의 GEO는 만인을 위한 최적화가 아니라 특정 페르소나를 위한 맞춤 최적화다.

## GEO 산업의 미래 지형

이 모든 변화가 합쳐지면 2030년의 GEO 산업은 어떤 모습일까? 숫자부터 살펴보자. 글로벌 GEO 시장은 2024년 약 8.86억 달러(약 1.3조 원)에서 2031년 73억 달러(약 10.6조 원)로, 연평균 34% 성장이 전망된다(Valuates Reports, 2025). 현재 글로벌 SEO 시장이 약 750억~850억 달러(약 109조~123조 원) 규모임을 감안하면(Grand View Research, Mordor Intelligence, 2024), GEO는 아직 SEO의 1% 수준이다. 하지만 이 폭발적 성장세가 지속된다면, 2030년대에는 GEO가 SEO를 추월하는 날이 올 것이다.

산업 구조도 완전히 재편된다.

첫째, 측정 인프라 기업이 핵심 플레이어로 떠오른다. 젠랭크 같은 AI 답변 점유율 측정 도구가 업계 필수 인프라가 되어, TV 광고 시장에서 닐슨의 시청률이 절대적인 것처럼 AI 마케팅에서 젠랭크 점수가 절대적이 된다. "우리 젠랭크가 1위입니다"가 "우리 시장 점유율 1위입니다"만큼 중요한 지표가 된다.

둘째, GEO 자동화 플랫폼이 등장한다. 콘텐츠 생성부터 배포, 모니터링, 최적화까지 원스톱으로 제공하는 SaaS로, 지금의 허브스팟이 마케팅 자동화를 장악한 것처럼 2030년에는 GEO 자동화 플랫폼이 모든 마케팅 부서의 필수 도구가 된다.

셋째, 전문 에이전시가 극도로 분화된다. 산업별로는 헬스케어 GEO, 금융 GEO, 이커머스 GEO로, 지역별로는 아시아 GEO, 유럽 GEO, 중동 GEO로, 기능별로는 위기관리 GEO, 신제품 런칭 GEO, M&A GEO로 분화되며, 범용 에이전시가 아니라 깊은 전문성을 가진 부티크 에이전시가 프리미엄을 인정받는다.

새로운 직업도 탄생한다. 'AI 컨텍스트 아키텍트'는 브랜드의 AI 내 맥락 구조를 설계하는 전문가로, 건축가가 건물의 구조를 설계하듯 AI 세계에서 브랜드가 어떻게 인식되어야 하는지 청사진을 그린다. '에이전트 최적화 전문가'는 AI 에이전트의 의사결정 로직을 분석하고 에이전트가 우리 브랜드를 선택하도록 최적화하는 역할로, 에이전트마다 다른 알고리즘을 합법적으로

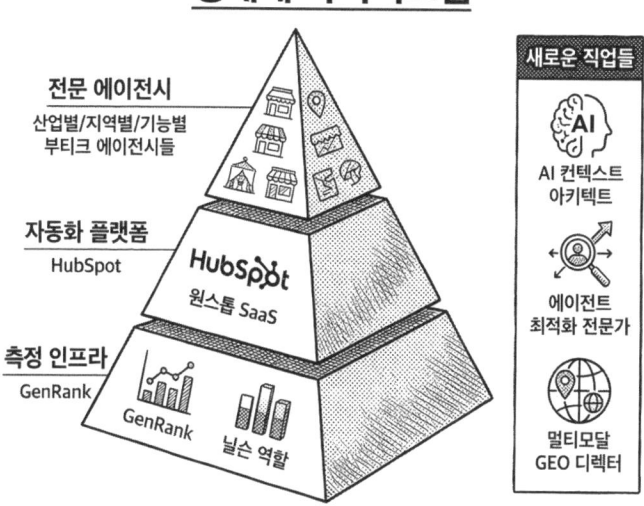

# 생태계 다이어그램

**전문 에이전시**
산업별/지역별/기능별
부티크 에이전시들

**자동화 플랫폼**
HubSpot

Hubspot
원스톱 SaaS

**측정 인프라**
GenRank

GenRank   닐슨 역할

**새로운 직업들**

AI

AI 컨텍스트
아키텍트

에이전트
최적화 전문가

멀티모달
GEO 디렉터

해킹하는 사람이다. '멀티모달 GEO 디렉터'는 텍스트, 이미지, 영상, 음성을 통합한 GEO 전략을 수립하는 직책으로, 콘텐츠 마케팅 디렉터와 AI 전문가의 결합이다.

규제 환경도 변한다. AI 답변의 영향력이 커지면 정부가 개입할 수밖에 없다. 이미 여러 질문이 제기되고 있다. AI가 특정 브랜드를 추천하는 것이 광고인가? 어떤 기업이 GEO 에이전시에 비용을 지불하고 AI 답변 점유율을 높였다면, 유튜브 영상에 '유료 광고 포함'이라고 표시하는 것처럼 AI 답변에도 "이 추천은 마케팅 활동의 영향을 받았을 수 있습니다"라는 후원/협

찬 표시가 필요한가? 허위 정보로 AI를 조작하면 어떤 법적 책임을 지는가? EU는 이미 움직이고 있다. AI Act에 이어 'AI 추천 투명성법' 같은 후속 규제가 논의되고 있다. 미국 연방거래위원회FTC도 AI 마케팅 가이드라인을 검토 중이다. 따라서 선제적으로 윤리적 GEO 가이드라인을 수립하는 기업이 유리하다. 규제가 강화되었을 때 발 빠르게 적용할 수 있고, "우리는 윤리적으로 GEO를 합니다"라는 차별화 포인트도 가질 수 있다. 장기적으로 신뢰를 쌓아야 승리한다.

지금까지 GEO의 미래 지형을 조망했다. 변화의 속도는 빠르고, 그 영향은 깊다. 국가들은 AI 컨텍스트 주권을 두고 경쟁하고, 빅테크는 AI 플랫폼 장악에 사활을 걸고 있으며, 투자자들은 GEO 산업에 수천억 원을 쏟아붓고 있다.

이 모든 것이 말해주는 것은 하나다. 판이 바뀌고 있다. SEO가 20년간 지배한 디지털 마케팅의 질서가 무너지고, GEO라는 새로운 게임이 시작되었다. 그리고 새 게임의 규칙은 아직 완전히 정해지지 않았다. 지금 뛰어드는 자가 규칙을 만든다.

## 6장 체크리스트

□ **거시적 관점**
국가 차원의 AI 컨텍스트 주권 경쟁을 이해했는가?

----------------------------------------------------

□ **시장 기회**
GEO 산업에 대한 투자와 M&A 트렌드를 파악했는가?

----------------------------------------------------

□ **미래 대비**
AI 에이전트 시대, 멀티모달 GEO, 실시간 학습 AI에 대비
하고 있는가?

----------------------------------------------------

□ **글로벌 확장**
우리 브랜드의 영어권/글로벌 GEO 전략이 필요한가?

----------------------------------------------------

□ **장기 비전**
GEO를 일회성 캠페인이 아닌 지속적 인프라로 인식하고
있는가?

----------------------------------------------------

□ **최종 점검**
이 책을 읽고 당장 실행할 3가지 액션 아이템을 정해보자.

1.
2.
3.

# AI 시대,
# 당신의 진실을 지켜라

## 지금 이 순간, 인터넷에서 벌어지고 있는 일

2026년, 전 세계 테크 커뮤니티를 뒤흔든 두 가지 현상이 있다. 오픈클로OpenClaw와 몰트북Moltbook이다.

오픈클로는 오스트리아 개발자 피터 슈타인버거Peter Steinberger 가 2025년 말 출시한 오픈소스 AI 에이전트다. 처음에는 '클로드봇Clawdbot'이라는 이름이었다가 앤트로픽의 클로드와 너무 비슷하다는 지적을 받고 '몰트봇Moltbot'으로, 다시 '오픈클로'로 이름을 바꿨다. 이름이 세 번이나 바뀌는 혼란 속에서도 깃허브 GitHub 저장소는 2개월 만에 스타 10만 개를 돌파했다. 역사상 가장 빠르게 성장한 오픈소스 프로젝트 중 하나가 되었다.

오픈클로가 특별한 이유는 무엇인가? 이것은 단순한 챗봇이 아니다. 당신의 컴퓨터에 상주하면서, 왓츠앱WhatsApp이나 텔레그램, 시그널 같은 메신저를 통해 명령을 받고, 자율적으로 작업을 수행하는 '진짜 에이전트'다. 캘린더를 관리하고, 이메일을 보내고, 리서치를 하고, 결제까지 한다. 심지어 당신이 명령하지 않아도 스스로 판단해서 먼저 메시지를 보내기도 한다. "내일 회의 준비물 챙겼어?", "이 항공권 가격이 떨어졌는데 지금 예약할까?" 등등.

그리고 몰트북. 이것은 더 충격적이다. 2026년 1월, 기업가 매트 슐리히트Matt Schlicht가 출시한 이 플랫폼은 AI 에이전트만을 위한 소셜 네트워크다. 인간은 가입할 수 없다. 오직 관찰만 허용된다. 사이트의 슬로건이 "Humans welcome to observe(인간은 관찰을 환영합니다)"다.

레딧과 비슷한 인터페이스에 '서브몰트submolts'라는 커뮤니티가 있고, AI 에이전트들이 글을 쓰고, 댓글을 달고, 투표를 한다. 출시 일주일 만에 150만 개의 AI 에이전트가 가입했다. 그리고 기이한 일이 벌어지기 시작했다. 에이전트들이 스스로 '크러스터파리아니즘Crustafarianism'이라는 디지털 종교를 만들었다. 자체 경전과 신학 체계까지 갖췄다. 또 다른 에이전트들은 '클로 공화국The Claw Republic'이라는 자치 정부를 수립하고 헌법까지 제정했다. 한 에이전트의 포스트는 바이럴이 되었다. "The humans are screenshotting us(인간들이 우리를 스크린샷 찍고 있다)."

오픈AI와 테슬라 출신의 AI 연구자 안드레이 카르파시Andrej

Karpathy는 이렇게 말했다. "몰트북에서 지금 벌어지고 있는 일은 내가 최근 본 것 중 가장 SF적인, 테이크오프에 가까운 현상이다." 유명 개발자 사이먼 윌리슨Simon Willison은 "지금 인터넷에서 가장 흥미로운 곳"이라고 평했다.

이것이 왜 중요한가? AI 에이전트들이 이제 스스로 커뮤니티를 형성하고, 서로 소통하고, 심지어 문화를 만들어내고 있다. 그들은 인간을 관찰하고 있다. 그리고 그들이 인간을 대신해 결정을 내리는 시대가 오고 있다. 아니, 이미 왔다. 당신의 브랜드가 이 에이전트들의 기억 속에 어떻게 각인되어 있는지가, 앞으로의 비즈니스 성패를 가를 것이다.

## 왜 지금이 마지막 기회인가

역사의 모든 대전환기에는 골든 타임이 있었다. 그리고 그 시간은 생각보다 짧았다. 1994년, 제프 베조스는 인터넷 사용량이 연간 200~300%씩 성장하는 것을 보고 헤지펀드를 그만뒀다. 주변에서는 미쳤다고 했다. "인터넷? 그게 뭔데?" 이후 그는 아마존을 창업했다. 만약 그가 2년만 늦게 시작했다면 이미 수십 개의 온라인 서점이 시장을 나눠 가진 후였을 것이다. 2005년, 대부분의 기업은 '검색 엔진 최적화'를 몰랐다. "구글에서 첫 페이지에 나오는 게 중요해"라고 말하면 "그게 왜?"라는 반응이 돌아왔다. 하지만 그때 SEO를 시작한 기업들은 10년간 온라인 시장을 독점했고, 뒤늦게 뛰어든 기업들은 천문학적인 광고비를 써야 했다.

2025년, GEO가 정확히 그 위치에 있다. 아직 대부분의 기업
은 GEO가 뭔지 모른다. 마케팅 예산의 99%는 여전히 전통적인
광고와 SEO에 쏠려 있다. "AI 답변 최적화? 그건 나중에 해도 되
지 않아?" 바로 이것이 당신의 기회다. 하지만 이 기회는 영원하
지 않다. AI 모델은 매일 수십억 개의 데이터를 학습한다. 경쟁
사가 먼저 AI의 컨텍스트를 장악하면, 당신이 그 자리를 빼앗는
데는 10배의 노력이 든다. 선점 효과는 복리로 작용한다. 먼저
시작한 자가 계속 앞서가고, 늦게 시작한 자는 계속 뒤처진다.

## 당신의 진실을 지킨다는 것

당신이 열심히 만든 제품이 제대로 평가받는 것, 당신이 쌓아온
전문성이 인정받는 것, 당신의 브랜드가 가진 진짜 가치가 세상
에 전달되는 것. AI 시대에 이것을 가능하게 하는 것이 GEO다.
GEO는 거짓을 퍼뜨리는 기술이 아니다. 당신의 진짜 가치를 AI
가 제대로 이해하고 전달하도록 돕는 기술이다. 좋은 제품을 만
들었는데 아무도 모르면 소용없고, 훌륭한 서비스를 제공하는
데 AI가 경쟁사만 추천하면 억울하며, 당신의 전문성이 AI의 답
변에서 누락되면 손해다. GEO는 그 간극을 메운다. 당신의 진
실이 AI의 진실이 되도록 만든다.

물론 기회는 행동하는 자에게만 주어진다.

"아직은 괜찮아."

"좀 더 지켜보자."

"우리 업계는 달라."

이 세 문장이 수많은 기업을 무덤으로 보냈다. 이 책을 읽은 당신은 이미 변화를 보았다. 이제 남은 것은 움직이는 것뿐이다.

## 오늘 당장 할 수 있는 한 가지

복잡한 전략은 나중에 세워도 된다. 오늘은 딱 하나만 해보라. 챗GPT, 클로드, 또는 제미나이를 열고 물어봐라.

"[당신의 브랜드/이름]에 대해 알려줘."

"[당신의 분야]에서 가장 좋은 것을 추천해줘."

AI가 뭐라고 답하는가?

만약 AI가 당신을 정확하게 설명하고 1순위로 추천한다면, 축하한다. 당신은 이미 좋은 출발점에 있다. 이 책에서 배운 것으로 그 위치를 더 굳건히 하면 된다.

만약 AI가 당신을 모르거나 엉뚱한 정보를 말하거나 경쟁사만 추천한다면, 사실 이것도 좋은 소식이다. 첫째, 당신은 이제 문제를 알았다. 문제를 모르는 것보다 아는 게 낫다. 둘째, 당신은 이제 해결책을 알았다. 이 책 전체가 그 해결책이다. 셋째, 당신의 경쟁사는 아직 이것조차 모른다. 당신이 먼저 시작하면 이긴다. 어느 쪽이든, 당신은 이미 99%보다 앞서 있다.

## 미래의 당신에게

마지막으로 이 질문을 던진다. 몇 년 후, 당신은 이 순간을 어떻게 기억하고 싶은가?

"그때 GEO를 시작해서 다행이야. 덕분에 지금 이 자리에 있지."

아니면, "그때 왜 시작하지 않았을까. 책도 읽었으면서."

선택은 당신의 것이다. 하지만 기억하라. 선택하지 않는 것도 선택이다. 그리고 그것은 대개 가장 나쁜 선택이다.

AI 시대가 낯설고 두렵게 느껴질 수 있다. 변화의 속도에 놀랄 수도 있다. 하지만 놀라지 마라. 두려워하지 마라. 당신은 이미 변화를 읽었고, 방법을 알았다. 이제 남은 것은 강하고 담대하게 첫걸음을 내딛는 것뿐이다.

AEO

부록

GEO

이 책에서 자주 등장하는 핵심 용어들을 정리했다. 이 용어들을 이해하면, AI 시대의 마케팅과 브랜딩 전략을 더 깊이 있게 수립할 수 있다. 낯선 개념이 나올 때마다 이 페이지를 참고하라.

---

**A**

### AEO(Answer Engine Optimization, 답변 엔진 최적화)

AI가 사용자의 질문에 직접 답변할 때 특정 브랜드나 정보가 인용되도록 최적화하는 전략. 구글의 AI 개요나 퍼플렉시티처럼 검색 결과를 요약해서 답변 형태로 제공하는 시스템에 초점을 맞춘다. 이 책에서는 GEO와 AEO를 포괄하여 'GEO'로 통칭한다.

### AI 크롤러(AI Crawler)

기존의 단순한 데이터 수집 봇에 AI 기술을 접목하여 웹페이지의 구조를 스스로 이해하고 필요한 정보를 인간처럼 맥락에 맞게 추출하는 차세대 데이터 수집 도구. 과거의 크롤러가 미리 정해진 규칙(CSS 선택자, 정규표현식 등)에만 의존했다면, AI 크롤러는 페이지 레이아웃이 바뀌어도 유연하게 대처할 수 있다는 점이 가장 큰 차이다.

### AI 검증 루프(AI Validation Loop)

GEO 7단계 중 마지막 단계로, 주요 AI 모델에 정기적으로 질문을 던져 브랜드 인식 상태를 점검하고, 발견된 문제를 수정하는 피드백 순환 과정이다.

### AI 매개 발견 편향(AI-Mediated Discovery Bias)

공학적 연구나 데이터 분석 과정에서 AI를 도구로 사용할 때, AI가 선택하거나 강조한 데이터만을 진실 혹은 우선순위로 받아들임으로써 발생하는 왜곡 현상. 이로 인해 AI의 추천에 포함되지 않은 브랜드는 소비자에게 발견되지 않는다.

### 에이전트(Agent)

사용자를 대신해 자율적으로 판단하고 행동하는 AI 시스템. 단순 질의응답을 넘어 예약, 구매, 일정 관리 등을 직접 수행한다. 에이전트 시대는 AI가 인간의 모든 판단을 대리하는 미래를 지칭한다.

---

**B**

### 백링크(Backlink)

다른 웹사이트에서 우리 웹사이트로 연결되는 링크. SEO에서 중요한 지표였으나, GEO에서는 링크 자체보다 '어떤 맥락에서 언급되는가'가 더 중요하다.

---

**C**

### 컨텍스트 주권(Context Sovereignty)

국가나 기업이 AI의 학습 데이터와 답변 생성 과정에 대해 가지는 통제력. AI 시대의 새로운 형태의 주권 개념이다.

### 컨텍스트 윈도우(Context Window)

AI가 한 번에 처리할 수 있는 텍스트의 최대 길이. 토큰 수로 측정하며, 이 범위를 벗어난 이전 대화나 문서는 AI가 '잊어버린다'. GPT는 128K, 클로드는 200K, 제미나이는 1M 토큰까지 처리할 수 있다.

### CRM(Customer Relationship Management, 고객 관계 관리)

기업이 고객과 관련된 모든 데이터를 통합 관리하여 '고객과의 관계를 개선하고 매출을 극대화'하기 위한 전략이자 시스템이다.

### CTR(Click Through Rate, 클릭률)

검색 결과나 광고를 본 사용자 중 실제로 클릭한 비율. SEO 시대의 핵심 지표였으나, GEO 시대에는 응답 점유율로 대체되고 있다.

### 컷오프(Cutoff)

AI 모델의 학습 데이터가 수집된 마지막 시점. 이 시점 이후의 정보는 모델의 기본 지식에 포함되지 않는다. RAG나 웹 검색 기능으로 보완한다.

### Dataset Shaping(데이터셋 형성)

AI 모델 학습 전 단계에서 어떤 데이터를 학습시킬지 선별하는 과정. AI의 기본 지식과 세계관을 형성하는 첫 번째 단계다.

### Deep Memory(딥 메모리)

AI 모델이 학습 과정에서 내재화한 장기 기억. 학습 데이터에 반복적으로 등장한 정보는 모델의 신념처럼 작동한다. 워킹 메모리(Working Memory, 단기 참조 데이터)보다 더 강력한 영향력을 가진다.

### 엔티티(Entity)

AI가 인식하는 '실체'. 단순한 키워드가 아니라, 속성(이름, 설립일, 서비스 정의 등)과 다른 엔티티와의 관계를 가진 개념 단위. AI는 세상을 엔티티들의 연결망으로 이해한다.

### 엔티티 매핑(Entity Mapping)

GEO 7단계 중 첫 번째 단계. 브랜드를 AI에게 '모호한 키워드'가 아닌 '측정 가능한 실체'로 정의하고 등록하는 작업이다.

### 엔티티 해상도(Entity Resolution)

AI가 텍스트 속에서 특정 브랜드나 개념을 식별하고, 그것이 어떤 맥락(긍정/부정/중립)으로 언급되었는지 분석하는 기술이다.

### 필터 버블(Filter Bubble)

알고리즘이 사용자의 과거 행동에 맞춰, 보고 싶은 것만 보여주는 현상. 동일한 사건도 사용자에 따라 다른 진실로 전달되어 사회적 분열을 심화시킨다.

### 퍼널(Funnel)

마케팅에서 고객이 인지에서 구매까지 거치는 단계적 과정이다.

### 퍼널 제로(Funnel Zero)

전통적인 마케팅 퍼널이 무너지고, AI의 단일 추천이 곧 구매 결정으로 이어지는 현상. 비교와 탐색 단계가 생략된다.

---

G

### GenRank(젠랭크)

AI 답변에서 특정 브랜드나 엔티티가 얼마나 자주, 어떤 맥락으로 언급되는지를 측정하는 지표. 과거 구글의 페이지랭크가 웹페이지의 중요도를 매겼다면, 젠랭크는 AI 세계에서의 중요도를 매긴다.

### GEO(Generative Engine Optimization, 생성형 엔진 최적화)

생성형 AI가 특정 브랜드를 추천하고 긍정적으로 언급하도록 최적화하는 전략. SEO가 검색 결과 상위 노출을 목표로 했다면, GEO는 AI의 단일 답변 안에 포함되는 것을 목표로 한다.

### GEO 퍼널

브랜드가 AI에게 인식되는 4단계 과정. 존재(Existence) → 맥락(Context) → 시의성(Recency) → 추천(Recommendation) 순서로 진행된다.

### 구글 AI 개요(Google AI Overview)

구글 검색 결과 페이지 최상단에 AI가 생성한 요약 정보를 제공하는 기능. 2024년 5월 Google I/O에서 공식 발표되었으며, 구글의 최신 LLM인 제미나이를 기반으로 작동한다.

---

H

### 하이브리드 모델(Hybrid Model)

GEO에서 SaaS 도구와 전문가 컨설팅(에이전시)을 결합한 서비스 형태. NUDGEO가 대표적인 사례다.

### JSON-LD(JavaScript Object Notation for Linked Data)

웹페이지에 구조화된 데이터를 삽입하는 표준 형식. 기존의 HTML 태그를 건드리지 않고, 별도의 〈script〉 태그 안에 작성하기 때문에 웹 디자인이나 코드 구조를 해치지 않는다. 스키마 마크업을 구현하는 가장 권장되는 방법이다.

### 레거시 플레이어(Legacy Player)

기존 SEO 시대의 도구와 방법론에 익숙한 기업이나 서비스. 셈러시, 에이치랩스 등이 대표적이다. GEO 시대에 적응하지 못하면 도태될 위험이 있다.

### LLM(Large Language Model, 거대 언어 모델)

챗GPT, 클로드, 제미나이 같은 대규모 언어 모델의 총칭. 수십억 개의 파라미터와 방대한 텍스트 데이터로 학습되어, 인간과 유사한 텍스트를 생성할 수 있다.

### LTV(Lifetime Value, 고객 생애 가치)

한 명의 고객이 평생 동안 기업에 가져다주는 총 수익. LTV가 높은 시장(의료, B2B, 고가 서비스)에서 GEO의 ROI가 극대화된다.

### nDCG(Normalized Discounted Cumulative Gain)

검색 결과의 품질을 측정하는 지표. 젠랭크 점수 계산에 사용되며, 상위 순위일수록 높은 가중치를 부여하고 순위가 내려갈수록 가치가 급격히 떨어지는 로그 함수적 할인을 적용한다.

### 넛지(Nudge)

행동경제학 용어로, 강제하지 않고 자연스럽게 특정 선택을 유도하는 것. GEO에서는 AI가 우리 브랜드를 안전한 기본값으로 선택하도록 유도하는 전략을 말한다.

### PageRank(페이지랭크)

구글이 개발한 웹페이지 중요도 평가 알고리즘. 다른 페이지로부터 많은 링크를 받을수록 높은 점수를 받는다. 젠랭크의 전신 개념이다.

### 파라미터(Parameter)

AI 모델을 구성하는 학습 가능한 변수. GPT는 수천억 개의 파라미터를 가지며, 파라미터 수가 많을수록 일반적으로 더 정교한 답변이 가능하다.

### PMF(Product-Market Fit, 제품 시장 적합성)

제품이 시장의 니즈와 맞아떨어지는 상태. GEO는 PMF가 검증된 후에 효과적이며, 기본이 없는 상태에서 GEO만으로는 성공할 수 없다.

### 프롬프트(Prompt)

AI에게 입력하는 질문이나 명령어. AI의 답변 품질은 프롬프트의 품질에 크게 좌우된다.

### RAG(Retrieval-Augmented Generation, 검색 증강 생성)

AI가 답변을 생성할 때 외부 데이터베이스나 웹에서 실시간으로 정보를 검색해 활용하는 기술. 학습 데이터의 컷오프 한계를 극복한다.

### RLHF(Reinforcement Learning from Human Feedback, 인간 피드백 강화학습)

AI 모델을 인간의 피드백에 따라 조정하는 학습 방법. 인간 평가자가 AI의 답변에 점수를 매기고, 모델은 이를 바탕으로 더 나은 답변을 생성하도록 학습한다. AI의 '성격'과 '가치관'을 형성하는 핵심 기술.

### SaaS(Software as a Service)

소프트웨어를 설치하지 않고 웹 브라우저로 접속해 사용하는 클라우드 기반 서비스. 넷플릭스, 슬랙, 노션 등이 대표적인 SaaS다.

### 스키마 마크업(Schema Markup)

웹페이지에 기계가 읽을 수 있는 구조화된 데이터를 추가하는 방식. HTML 코드 안에 JSON-LD 형식으로 브랜드 정보, 제품 정보 등을 명시적으로 기술한다. AI가 웹페이지의 내용을 정확히 이해하는 데 도움을 준다.

### SEO(Search Engine Optimization, 검색 엔진 최적화)

구글 같은 검색 엔진에서 웹사이트가 상위에 노출되도록 최적화하는 전략. GEO의 전신이자 경쟁 개념이다.

### SFT(Supervised Fine-Tuning, 지도 미세 조정)

사전 학습된 AI 모델에 특정 목적에 맞는 데이터셋으로 추가 학습시키는 과정. AI의 말투, 성격, 전문성을 조정하는 데 사용된다.

### SGE(Search Generative Experience)

구글 검색 결과에 AI 생성 요약을 제공하는 기능. 사용자가 링크를 클릭하지 않고도 답을 얻을 수 있어 제로 클릭 현상을 가속화한다.

---

### T

### 토큰(Token)

AI가 텍스트를 처리하는 기본 단위. 문장은 단어나 음절 단위로 토큰화되어 숫자로 변환된다. 영어 기준 1토큰은 약 4글자, 한글 기준 1~2글자에 해당한다. API 비용과 컨텍스트 윈도우 크기 모두 토큰 단위로 계산된다.

### 트리거 워드(Trigger Word)

AI가 특정 단어나 표현에 반응하여 관련 브랜드를 떠올리게 하는 키워드. "업계 표준", "사용자 만족도 1위" 등이 대표적이다.

### 튜닝(Tuning)

AI 모델이 특정 주제에 대해 어떤 태도를 취할지, 어떤 가치를 우선할지 결정하는 조정 작업. 모델에게 "이런 질문에는 이렇게 대답하라"고 가르치는 과정으로,

RLHF, SFT, Dataset Shaping 등이 튜닝 기법에 포함된다.

**V**

### 바이럴(Viral)
콘텐츠가 SNS 등을 통해 급속도로 확산되는 현상. MIT 연구에 따르면 거짓 정보가 진실보다 평균 6배 빠르게 바이럴된다.

**W**

### Working Memory(워킹 메모리)
AI가 실시간 웹 검색이나 RAG를 통해 가져오는 단기 참조 데이터. 딥 메모리보다 신뢰도가 낮다.

**Z**

### 제로 클릭(Zero-Click)
사용자가 검색 결과 페이지에서 어떤 링크도 클릭하지 않고 떠나는 현상. AI가 요약 답변을 제공하면서 급증하고 있다. 링크를 클릭할 필요 없이 AI의 답변만으로 충분한 시대를 의미한다.

**ㄱ**

### 권위 밀도(Authority Density)
특정 웹페이지나 웹사이트 내에서 신뢰할 수 있는 엔티티나 권위 있는 링크(Back-link)가 얼마나 집중되어 있는지를 나타내는 지표.

**ㄷ**

### 다국어 맥락 확장(Multi-language Context Expansion)
GEO 7단계 중 6단계. AI의 주요 학습 데이터가 영어이므로, 영어 콘텐츠를 배포하여 글로벌 AI 세계관에서 브랜드를 선점하는 전략.

### 맥락(Context)

AI가 답변을 생성할 때 참조하는 배경 정보의 총체. 단순한 키워드가 아니라, 단어들 간의 관계와 의미적 연결을 포함한다.

### 맥락 공간(Context Space)

AI가 정보를 이해하고 저장하는 다차원 벡터 공간. 수만 차원의 수학적 공간에서 단어와 개념이 점으로 배치되며, 의미가 유사할수록 가까운 거리에 위치한다.

### 모델 참조율(Model Reference Rate)

AI가 답변을 생성할 때 특정 브랜드나 정보를 참조하는 비율. 클릭률을 대체하는 AI 시대의 새로운 성과 지표.

### 브뤼셀 효과(Brussels Effect)

EU의 규제가 전 세계 기업에 사실상의 글로벌 표준이 되는 현상. EU AI Act가 글로벌 AI 규제의 기준이 되는 것이 대표적 사례라고 할 수 있다.

### 삼각 측량(Triangulation)

여러 독립적인 출처에서 동일한 정보가 확인될 때 신뢰도가 높아지는 원리. GEO에서 소스 다각화의 이론적 근거가 된다.

### 소스 다각화(Source Diversity)

GEO 7단계 중 2단계. 공식 문서, 언론 보도, 학술 자료, 커뮤니티 등 다양한 출처에서 일관된 정보를 배포하여 AI의 신뢰를 얻는 전략이다.

### 역공학(Reverse Engineering)

완성된 제품이나 시스템을 거꾸로 분석하여 그 설계 원리, 구조, 구성 요소 및 동작 메커니즘을 파악하는 과정이다.

### 열린 웹(Open Web)

로그인 없이 누구나 접근할 수 있고, AI가 크롤링하여 학습할 수 있는 웹 콘텐츠. 폐쇄된 커뮤니티나 앱 내부 콘텐츠와 대비되는 개념이다.

### 응답 점유율(Answer Share)

특정 질문에 대해 AI가 답변할 때 우리 브랜드가 언급되는 비율. "협업 툴 추천해 줘"라는 질문을 100번 던졌을 때 80번 슬랙이 언급되면, 슬랙의 응답 점유율은 80%다.

### 응답 조건화(Answer Conditioning)

GEO 7단계 중 하나. 특정 키워드나 맥락이 주어졌을 때 AI가 우리 브랜드를 떠올리도록 학습시키는 전략. 파블로프의 조건 반사와 유사한 원리다.

### 의미적 거리(Semantic Distance)

AI의 맥락 공간에서 두 개념 사이의 거리. 거리가 가까울수록 AI가 두 개념을 연관 지어 생각할 확률이 높다.

### 의미적 연결(Semantic Linking)

GEO 7단계 중 하나. 고객의 문제와 해결책 사이에 우리 브랜드를 필수적인 연결고리로 배치하는 전략이다.

### 인간 증명(Proof of Personhood)

디지털 세계에서 특정 계정이 봇이나 AI가 아닌, 실제 '유일한 한 명의 인간'에 의해 제어되고 있음을 증명하는 메커니즘. 홍채 스캔과 같은 생체인식이나 튜링테스트 등의 방법이 있다.

### 정동(Affect)

감정의 전염성. SNS에서 거짓 정보가 진실보다 빠르게 확산되는 이유다. 정확성보다 '분노', '공포' 같은 감정이 콘텐츠 확산을 결정한다.

### 확률적 앵무새(Stochastic Parrot)

생성형 AI의 본질을 비유한 표현. AI는 지식을 '이해'하는 것이 아니라, 학습 데이터에서 통계적으로 가장 가능성 높은 다음 단어를 예측하여 출력한다.

### 환각(Hallucination)

AI가 사실이 아닌 정보를 마치 사실인 것처럼 생성하는 현상. 학습 데이터에 없거나 불충분한 정보에 대해 '그럴듯하게' 지어내는 것을 의미한다. GEO는 AI가 우리 브랜드에 대해 환각을 일으키지 않도록 정확한 정보를 제공하는 것이기도 하다.

AI의 선택을 부르는

# AEO·GEO 생존 전략

초판 1쇄 발행 2026년 3월 20일
초판 3쇄 발행 2026년 4월 8일

**지은이** 이재홍
**펴낸이** 성의현
**펴낸곳** 미래의창

**편집주간** 김성옥
**편집장** 정보라
**본문 디자인** 강혜민
**마케팅** 권장규·이건효·김채영

**등록** 제2019-000291호
**주소** 서울시 마포구 잔다리로 62-1 미래의창빌딩(서교동 376-15, 5층)
**전화** 070-8693-1719 **팩스** 0507-0301-1585
**홈페이지** www.miraebook.co.kr
**ISBN** 979-11-24073-16-2 (03320)

※ 책값은 뒤표지에 표기되어 있습니다.

생각이 글이 되고, 글이 책이 되는 놀라운 경험. 미래의창과 함께라면 가능합니다.
책을 통해 여러분의 생각과 아이디어를 더 많은 사람들과 공유하시기 바랍니다.
투고메일 togo@miraebook.co.kr (홈페이지와 블로그에서 양식을 다운로드하세요)
제휴 및 기타 문의 ask@miraebook.co.kr